Chinese Business Vocabulary
in a Hurry:
a Brief Study Guide

商务词汇

Edward Trimnell

Copyright 2010 Beechmont Crest Publishing
ISBN: 978-0-9828901-0-3
All rights reserved

Contents

Introduction	4
Chinese-English Study List	5
An English-to-Chinese Glossary	35
Appendices	103
Appendix 1: Major global corporations	103
Appendix 2: Major world currencies	105
Appendix 3: E-commerce terms	106
Appendix 4: Automotive terms and components commonly manufactured in China	107

Introduction

If you have purchased this book, then we can safely assume that you are already aware of the global significance of the Chinese language. Chinese has long enjoyed the distinction of being the language with the most number of native speakers. China's recent economic boom has added a new dimension to the importance of Mandarin. The growth of the Chinese economy (and the emerging clout of Chinese corporations) is rapidly transforming Chinese into an essential business language, second only to English by many estimates.

I compiled this book with the intention of creating a primer and a study guide—not a dictionary. (Hence its relatively short format and manageable number of entries.) With a bit of effort, the dedicated student could hopefully commit most of the material herein to memory.

This main content of this book is divided into three sections. The first of these, the Chinese-English Study List, consists of major elements of Chinese business vocabulary along with derivative words. This section also contains character entries, which are indicated by a |box| around the entry.

The second section is an English-to-Chinese glossary. Finally, there is an appendix section that covers some specialized topics: the names of major corporations, world currencies, e-commerce terms, and automotive terminology.

Chinese-English Study List

B.

保险
bǎo xiǎn
insurance

bǎo xiǎn dài lǐ rén	保险代理人	insurance agent
bǎo xiǎn jīng jì rén	保险经纪人	insurance broker
bǎo xiǎn gōng sī	保险公司	insurance company

标准
biāozhǔn
standard

biāozhǔn chā	标准差	standard deviation
biāozhǔnhuà	标准化	standardization

C.

采购
cǎigòu
purchase; purchasing

cǎigòu chéngběn	采购成本	purchase cost
cǎigòu dìngdān	采购订单	purchase order

căigòu dàilĭ	采购代理	purchasing agent
căigòu bù	采购部	purchasing department
căigòu jīnglĭ	采购经理	purchasing manager

财政 / 财务
cáizhèng / cáiwù
finance; financial affairs

cái wù bù mén	财务部门	finance department
cái wù fēn xī	财务分析	financial analysis
cái wù kòng zhì	财务控制	financial control
cái wù kòng zhì zhì dù	财务控制制度	financial control system
cái wù guī huà	财务规划	financial planning
cái wù bào biăo	财务报表	financial statement
cái zhèng nián dù	财政年度	financial (or fiscal) year
cái wù dài lĭ	财务代理	fiscal agent
cái zhèng jì lǜ	财政纪律	fiscal discipline
cái zhèng zhàng'ài	财政障碍	fiscal drag
cái zhèng zhèng cè	财政政策	fiscal policy
cái zhèng yuē shù	财政约束	fiscal restraint
cái zhèng nián dù	财政年度	fiscal year

产品
chǎnpǐn
product

chǎnpǐn fēnxī	产品分析	product analysis
chǎnpǐn shèjì	产品设计	product design
chǎnpǐn kāifā	产品开发	product development
chǎnpǐn xìliè	产品系列	product line
chǎnpǐn zǔhé	产品组合	product mix
chǎnpǐn fànwéi	产品范围	product range

成本
chéngběn
costs

kě kòng chéngběn	可控成本	controllable costs
shí jì chéngběn	实际成本	actual cost
chéngběn kuàijì	成本会计	cost accounting
chéngběn fēnxī	成本分析	cost analysis
chéngběn jiā yùnfèi	成本加运费	cost and freight
chéngběn fēnpèi	成本分配	cost assignment
chéngběn xiàoyì	成本效益	cost effectiveness
chéngběn yīnsù	成本因素	cost factor
zīběn chéngběn	资本成本	cost of capital
xiāohuò chéngběn	销货成本	cost of goods sold
hùnhé chéngběn	混合成本	mixed cost

出口
chūkǒu
export

chūkǒu shuì	出口税	*export duty*
chūkǒu xiāoshòu	出口销售	*export sales*
zài chūkǒu	再出口	*re-export*

D.

贷款
dàikuǎn
loan; credit

zhùfáng dàikuǎn	住房贷款	*housing loan*
yínháng dàikuǎn	银行贷款	*bank loan*
xìnyòng dàikuǎn	信用贷款	*fiduciary loan*
dīlì dàikuǎn	低利贷款	*low-interest loan*
chángqí dàikuǎn	长期贷款	*long-term loan*

代理
dàilǐ
agent

cái wù dài lǐ	财务代理	*fiscal agent*
huò yùn dài lǐ	货运代理	*freight forwarder*
bǎo xiǎn dài lǐ rén	保险代理人	*insurance agent*

zhìzào dàilǐ shāng	制造代理商	manufacturer's agent
dàilǐ rén	代理人	proxy
cǎigòu dàilǐ	采购代理	purchasing agent
dújiā dàilǐ	独家代理	sole agent

电
diàn
electricity (character)

diàn lù	电路	electric circuit
diàn qì gōng chéng	电气工程	electrical engineering
diàn lì	电力	electricity
diàn jí	电极	electrode
diàn zǐ gōng yè	电子工业	electronics
diàn zǐ yóu jiàn	电子邮件	email
diànzǐ shìchǎng	电子市场	e-marketplace
tōng yòng diàn qì	通用电气	General Electric

董事
dǒngshì
director

dǒng shì huì yì	董事会议	board meeting
dǒng shì huì yì shì	董事会议室	board room
dǒng shì huì	董事会	board of directors

F.

法
fǎ
law (character)

fǎlǜ de	法律的	legal
fǎlǜ gùwèn	法律顾问	legal advisor
fǎ lǜ wèn tí	法律问题	legal problem
fǎzhì	法制	legal system
fǎdìng huòbì	法定货币	legal tender
fǎlǜ shùyǔ	法律术语	legalese

费用
fèiyòng
expenses

guǎng gào fèi yòng	广告费用	advertising expenses
fèi yòng jiǎn xiǎo	费用减小	cost reduction
fèi yòng xiào yì fēn xī	费用效益分析	cost-benefit analysis
zhíjiē fèi yòng	直接费用	direct expenses
róng zī fèi yòng	融资费用	finance charge

风险
fēngxiǎn
risk

fēngxiǎn fēnxī	风险分析	*risk analysis*
fēngxiǎn gūjì	风险估计	*risk assessment*
fēngxiǎn zīběn	风险资本	*risk capital*

G.

工
gōng
work; worker

rén tǐ gōng chéng xué	人体工程学	*ergonomics*
gōngshāng shìgù	工伤事故	*industrial accident*
kuàng gōng	旷工	*absenteeism*
zhí gōng zī xún	职工咨询	*employee counseling*
tóng gōng tóng chóu	同工同酬	*equal pay for equal work*

工厂
gōngchǎng
factory

gōngchǎng zì dòng huà	工厂自动化	*factory automation*
chǎngzhǎng	厂长	*factory manager*

gōngchǎng guǎn lǐ fèi	工厂管理费	factory overhead

工程
gōng chéng
engineering

gōng chéng shī	工程师	engineer
gōng chéng bù mén	工程部门	engineering department
gōng chéng shè jì	工程设计	engineering design
gōng chéng sù liào	工程塑料	engineering plastics
huà xué gōng chéng shī	化学工程师	chemical engineer

公司
gōngsī
company

The Chinese word for "company" is often attached to the names of individual companies, as in:

mó gēn dà tōng gōng sī	摩根大通公司	J.P. Morgan Chase & Co.
rì běn diàn bào diàn huà gōng sī	日本电报电话公司	Nippon Telegraph & Telephone
bǎishìkělè gōngsī	百事可乐公司	Pepsi Corporation

公司 also appears in many words that identify different kinds of companies:

yǒu xiàn gōng sī	有限公司	limited liability company
màoyì gōngsī	贸易公司	trading company
kònggǔ gōngsī	控股公司	holding company
hángkōng gōngsī	航空公司	airline

| zǐ gōng sī | 子公司 | affiliate |

公司 is sometimes translated as "corporation," depending on the context:

gōng sī zǒng bù	公司总部	corporate headquarters
gōng sī xíng xiàng	公司形象	corporate image
gōng sī jì huà biān zhì	公司计划编制	corporate planning
gōng sī jié gòu	公司结构	corporate structure

工业
gōngyè
industry

gōngyè gémìng	工业革命	industrial revolution
gōngyè jī qì rén	工业机器人	industrial robot
gōngyèhuà	工业化	industrialization
hángyè guànlì	行业惯例	industry practices
zhěnggè gōngyè	整个工业	industrywide

工资
gōngzī
wages

gōngzī chājù	工资差距	wage differential
gōngzī jiūfēn	工资纠纷	wage dispute
gōngzī fúdòng	工资浮动	wage drift
gōngzī dòngjié	工资冻结	wage freeze

gōngzī shuǐpíng	工资水平	wage level
gōngzī děngjí biǎo	工资等级表	wage scale
gōngzī jiégòu	工资结构	wage structure
gōngzī jiàgé luóxuán	工资价格螺旋	wage-price spiral

工作
gōngzuò
work; job

lán lǐng gōng zuò zhě	蓝领工作者	blue collar worker
gōngzuò zhínéng	工作职能	job function
wén shū gōng zuò	文书工作	paperwork
jìjiàn gōngzuò	计件工作	piecework
gōngzuò duì	工作队	task force
gōngzuò rì	工作日	work day

雇
gù
employ; hire (character)

gù yuán	雇员	employee
gù zhǔ	雇主	employer
gù yōng hé yuē	雇佣合约	employment contract
jiě gù	解雇	fire
gù yòng	雇用	hire

关
guān
customs (character)

hǎi guān	海关	customs
hǎi guān jīng jì rén	海关经纪人	customs broker
guānshuì	关税	customs duty
hǎi guān fā piào	海关发票	customs invoice
guān shuì shuì zé	关税税则	customs regulations

广告
guǎnggào
advertising

guǎng gào gōng sī	广告公司	advertising agency
guǎng gào yù suàn	广告预算	advertising budget
guǎng gào fèi yòng	广告费用	advertising expenses

管理
guǎnlǐ
management; administration

guǎnlǐ kuàijì	管理会计	managerial accounting
mùbiāo guǎnlǐ	目标管理	management by objective
guǎnlǐ yuán	管理员	administrator
guǎn lǐ fèi yòng	管理费用	administrative expense

固定
gùdìng
fixed

gù dìng zī chǎn	固定资产	fixed assets
gù dìng zī běn	固定资本	fixed capital
gù dìng zī běn tóu zī	固定资本投资	fixed capital investment
gù dìng chéng běn	固定成本	fixed cost
gù dìng fèi yòng	固定费用	fixed expenses
gù dìng shōu rù	固定收入	fixed income
gù dìng jīng yíng chéng běn	固定经营成本	fixed operating cost

过程
guòchéng
process

guòchéng kòngzhì	过程控制	process control
shēngchǎn guòchéng	生产过程	production process
tiáozhěng guòchéng	调整过程	adjustment process

国际
guójì
international

guójì màoyì	国际贸易	international trade
guójì shōuzhī	国际收支	balance of payments
měiguó guójì jítuán	美国国际集团	American International Group

国内
guónèi
domestic

The counterpart of this word, 国际 guójì = *international* tends to be more readily picked up in first-year courses, because it is used in general words like 国际友谊 guójì yǒuyì = *international friendship*.

guó nèi shēng chǎn zǒng zhí	国内生产总值	*gross domestic product*
guó nèi fǎ rén	国内法人	*domestic corporation*
guó nèi xiāo fèi	国内消费	*domestic consumption*
guó nèi tōng huò	国内通货	*domestic currency*
guónèi màoyì	国内贸易	*domestic trade*

股票 / 股份
gǔpiào / gǔfèn
stock / shares

Note that all of the compound terms below contain the character 股. Business terms that contain this character usually have some connection to stocks.

gǔdōng	股东	*stockholder*
lánchóugǔ	蓝筹股	*blue chip stock*
gǔběn	股本	*capital stock*
pǔ tōng gǔ	普通股	*common stock*
lěi jī gǔběn	累积股本	*cumulative capital stock*
zēng zhǎng gǔpiào	增长股票	*growth stock*
shàngshì gǔpiào	上市股票	*listed stock*
měi gǔ	每股	*per share*
shòu quán gǔpiào	授权股票	*authorized shares*

H.

合 hé
combination; join (character)

hé jīn	合金	alloy
hé jīn gāng	合金钢	alloy steel
hézī qǐyè	合资企业	joint venture
liánhé qiānzì	联合签字	joint signature

活 huó
active; activity (character)

huó yuè zhàng hù	活跃帐户	active accounts
huó dòng zī chǎn	活动资产	active assets
huó dòng zhài wù	活动债务	active debt
huó dòng tú	活动图	activity chart

货币
huòbì
currency

huòbì	货币	*currency*
huòbì shēngzhí	货币升值	*currency appreciation*
huòbì fúdòng fúdù	货币浮动幅度	*currency band*
huòbì tiáo kuǎn	货币条款	*currency clause*
huòbì zhésuàn	货币折算	*currency conversion*
huòbì biǎnzhí	货币贬值	*currency depreciation*

货物
huòwù
cargo

A related term is 货船 *huòchuán* = cargo vessel

chēzhuāng huòwù	车装货物	*carload*
wéi xiǎn huò wù	危险货物	*dangerous goods*
zhēng shuì huò wù	征税货物	*dutiable goods*
bǎo shuì huò wù	保税货物	*bonded goods*

J.

加工
jiāgōng
process; processing

jiāgōng chéngběn	加工成本	*processing costs*
jīguāng jiāgōng	激光加工	*laser processing*

加速
jiā sù
acceleration

jiā sù tān xiāo	加速摊销	*accelerated amortization*
jiā sù zhé jiù	加速折旧	*accelerated depreciation*
jiā sù tiáo kuǎn	加速条款	*acceleration clause*

计划
jìhuà
plan

jìhuà jīngjì	计划经济	*planned economy*
shēngchǎn jìhuà	生产计划	*production schedule*
tuánduì jīlì jìhuà	团队激励计划	*team incentive plan*
xíng dòng jìhuà	行动计划	*action plan*
yèwù jìhuà	业务计划	*business plan*
gōngyè jìhuà	工业计划	*industrial planning*

经济
jīngjì
economy

jīng jì qíng yǔ biǎo	经济晴雨表	economic barometer
jīng jì jí bié	经济级别	economic class
jīng jì zēng zhǎng	经济增长	economic growth
jīng jì yù cè	经济预测	economic forecast
jīng jì zhǐ biāo	经济指标	economic indicators
jīng jì cì jī	经济刺激	economic stimulus
jīng jì lǐ lùn	经济理论	economic theory
jīng jì xué	经济学	economics
jīng jì xué jiā	经济学家	economist
guī mó jīng jì	规模经济	economy of scale

竞争
jìng zhēng
competition

jìng zhēng yōu shì	竞争优势	competitive advantage
jìng zhēng jià gé	竞争价格	competitive price
jìng zhēng zhàn lüè	竞争战略	competitive strategy
jìng zhēng xìng	竞争性	competitiveness
jìng zhēng duì shǒu	竞争对手	competitor

计算机
jì suàn jī
computer

Another Chinese word for computer is 电脑/*diàn nǎo*.

jì suàn jī yǔ yán	计算机语言	computer language
jì suàn jī chéng xù	计算机程序	computer program
jì suàn jī zhōng duān	计算机终端	computer terminal
diàn nǎo jì shù yuán	电脑技术员	computer technician
diàn nǎo bìng dú	电脑病毒	computer virus

进口
jìnkǒu
import

jìnkǒu shāng	进口商	importer
jìnkǒu shuì	进口税	import duty
jìnkǒu xǔkě zhèng	进口许可证	import licence
jìn chūkǒu xǔkě zhèng	进出口许可证	import-export licence
jìnkǒu pèié	进口配额	import quota
jìnkǒu fǎguī	进口法规	import regulations

K.

会计
kuàijì
accounting; accountant

kuài jì shī	会计师	*accountant*
kuài jì fāng fǎ	会计方法	*accounting method*
kuàijì zhìdù	会计制度	*accounting system*

L.

零售
língshòu
retail

língshòu yínháng	零售银行	*retail bank*
língshòu xiāolù	零售销路	*retail outlet*
língshòu jiàgé	零售价格	*retail price*
língshòu wùjià zhǐshù	零售物价指数	*retail price index*

利息 / 利率
lìxí / lìlǜ
interest / interest rate

lìxí qī	利息期	*interest period*
dīlì dàikuǎn	低利贷款	*low-interest loan*

律
lǜ
law (character)

lǜshī	律师	*lawyer*
lǜshī shìwù suǒ	律师事务所	*law firm*
lǜ zhèng sī shǔ	律政司署	*Department of Justice*

M.

贸易
màoyì
trade

In addition to appearing in the Chinese word for "trading company" (贸易公司 / màoyì gōngsī), 贸易 appears in much of the vocabulary that is found in the business section of the newspaper:

mào yì chā é	贸易差额	*balance of trade*
guónèi màoyì	国内贸易	*domestic trade*
duìwài màoyì	对外贸易	*external trade*

gōng píng mào yì	公平贸易	*fair trade*
guójì màoyì	国际贸易	*international trade*
màoyì bìlěi	贸易壁垒	*trade barrier*
mào yì zhàn	贸易战	*trade war*

The character 贸 has the basic meaning of *trade*; but trade-related words are not the only ones in which you see it. For example, 贸然/màorán = *rashly*

N.

农
nóng
agriculture (character)

In your first-year Chinese course, you might have learned the following basic words that contain this character: 农民 nóngmín = *farmer*; 农场 nóngchǎng = *farm*.

nóng chǎn pǐn	农产品	*agricultural products*
nóng yè	农业	*agriculture*

P.

平均
píngjūn
average

píngjūn	平均	*average*
píngjūn chéngběn	平均成本	*average cost*

píngjūn shòumìng	平均寿命	*average life*
píngjūn dānwèi chéng běn	平均单位成本	*average unit cost*

Q.

企业
qǐyè
enterprise

qǐ yè guǎn lǐ	企业管理	*business management*
qǐyè jiā	企业家	*entrepreneur*
qǐyè jiā jīng shén	企业家精神	*entrepreneurial spirit*
nóng mín qǐ yè jiā	农民企业家	*farmer-entrepreneur*
yùn yíng qǐ yè	运营企业	*going concern*
hézī qǐyè	合资企业	*joint venture*
lǒngduàn qì yè	垄断企业	*monopoly firm*

S.

商品
shāngpǐn
commodity

shāngpǐn shìchǎng	商品市场	*commodity markets*
shāngpǐn jiàgé	商品价格	*commodity prices*

商务 / 商业
shāngwù / shāngyè
business affairs / business; commerce

shāngyè huódòng	商业活动	business activity
shāngyè zhèngcè	商业政策	business policy
shāngyè yín háng	商业银行	commercial bank
shāngyè zhékòu	商业折扣	commercial discount
shāngyè fāpiào	商业发票	commercial invoice
shāngwù zhōngxīn	商务中心	business center

生产
shēngchǎn
production

shēngchǎn kòngzhì	生产控制	production control
shēngchǎn chéngběn	生产成本	production costs
shēngchǎnxiàn	生产线	production line
shēngchǎn guòchéng	生产过程	production process
shēngchǎn jìhuà	生产计划	production schedule
shēngchǎnlì	生产力	productivity

市
shì
city; market (character)

niú shì	牛市	bull market
xióng shì	熊市	bear market

shìzhèng zhàiquàn	市政债券	municipal bond

市场
shìchǎng
market

shìchǎng jīngjì	市场经济	market economy
shìchǎng lìliàng	市场力量	market forces
shìchǎng yùcè	市场预测	market forecast
shìchǎng zhǐshù	市场指数	market index
shìchǎng shèntòu zhànlüè	市场渗透战略	market penetration strategy
shìchǎng diàochá	市场调查	market research
shìchǎng bǎohé	市场饱和	market saturation
shìchǎng xì fēn	市场细分	market segmentation
shìchǎng zhànyǒu lǜ	市场占有率	market share
shìchǎng qūshì	市场趋势	market trend
shìchǎng jiàzhí	市场价值	market value
zīběn shìchǎng	资本市场	capital market

收入
shōurù
revenue; income

zēng liàng shōurù	增量收入	incremental revenue
nián shōurù	年收入	annual income
gù dìng shōu rù	固定收入	fixed income
zǒng shōu rù	总收入	gross income
jiātíng shōu rù	家庭收入	household income

税
shuì
tax

miǎnshuì é	免税额	tax allowance
shuìshōu fùdān	税收负担	tax burden
kòu shuì	扣税	tax deduction
táoshuì	逃税	tax evasion
miǎn shuì	免税	tax exempt
bìshuì tiāntáng	避税天堂	tax haven
bào shuì biǎo	报税表	tax return
shuì shōu zhì dù	税收制度	tax system
shuìshōu	税收	taxation

T.

投资
tóuzī
invest; investment

tóuzī fēnxī shī	投资分析师	investment analyst
tóuzī yínháng jiā	投资银行家	investment banker
tóuzī zhànlüè	投资战略	investment strategy
tóuzī zhě	投资者	investor

X.

信贷 / 信用
xìndài / xìnyòng
credit

xìnyòng kǎ	信用卡	credit card
xìndài jǐn suō	信贷紧缩	credit crunch
xìndài xiàng mù	信贷项目	credit entry
xìnyòng é dù	信用额度	credit line
xìndài guǎn lǐ	信贷管理	credit management
xìnyòng píng jí	信用评级	credit rating
xìndài xiànzhì	信贷限制	credit restriction
xìndài tiáojiàn	信贷条件	credit terms

消费
xiāofèi
consumption; to consume

You have no doubt heard about China's 1.3 billion consumers. At least a few of the words in the list below will help you to talk about them.

xiāofèi zhě	消费者	consumer
xiāofèi xìn dài	消费信贷	consumer credit
xiāofèi xìnyòng zīxún fú wù	消费信用咨询服务	consumer credit counseling service
xiāofèi pǐn	消费品	consumer goods
xiāofèi dàikuǎn	消费贷款	consumer loan
xiāofèi pǐn shìchǎng	消费品市场	consumer markets

xiāofèi jiàgé zhǐshù	消费价格指数	consumer price index
xiāofèi zhě yánjiū	消费者研究	consumer research
xiāofèi zhě diàochá	消费者调查	consumer survey

销售
xiāoshòu
sales

xiāoshòu é fēnxī	销售额分析	sales analysis
xiāoshòu yùsuàn	销售预算	sales budget
xiāoshòu bù	销售部	sales department
xiāoshòu yùcè	销售预测	sales forecasting
xiāoshòu guǎnlǐ	销售管理	sales management

Y.

银
yínháng
bank

yínháng chéng duì huì piào	银行承兑汇票	bank acceptance
yínháng zhànghù	银行帐户	bank account
yínháng cúnkuǎn yú é	银行存款余额	bank balance
yínháng shǒuxù fèi	银行手续费	bank charges
yínháng zhīpiào	银行支票	bank check
yínháng huì piào	银行汇票	bank draft
yínháng jià rì	银行假日	bank holiday

yínháng xìn yòng zhèng	银行信用证	*bank letter of credit*
yínháng dàikuǎn	银行贷款	*bank loan*
yínháng lìlǜ	银行利率	*bank rate*
yínhángyè	银行业	*banking*

预算
yùsuàn
budget

yùsuàn yùcè	预算预测	*budget forecast*
yùsuàn niándù	预算年度	*budget year*

Z.

帐户
zhànghù
account

kāi lì zhànghù	开立帐户	*open an account*
zhànghù yú é	帐户余额	*account balance*
zhànghù hàomǎ	帐户号码	*account number*
huó yuè zhàng hù	活跃帐户	*active accounts*
tuō qiàn zhàng hù	拖欠帐户	*delinquent account*
dài guǎn zhàng hù	代管帐户	*escrow account*

折扣
zhékòu
discount

zhékòu lǜ	折扣率	discount rate
zhékòu zhèngquàn	折扣证券	discount securities
shùliàng zhékòu	数量折扣	quantity discount
shāngyè zhékòu	商业折扣	trade discount
xiànjīn zhékòu	现金折扣	cash discount

资本
zī běn
capital

zī běn zhàng hù	资本帐户	capital account
zī běn chú bèi jīn	资本储备金	capital allowance
zī běn zī chǎn	资本资产	capital asset
zī běn yù suàn	资本预算	capital budget
zī běn zhī chū	资本支出	capital expenditure
zī běn cái huò	资本财货	capital goods
zī běn yíng yú	资本盈余	capital surplus
zī běn zhǔ yì	资本主义	capitalism
zī běn zǒng é	资本总额	capitalization

质量
zhìliàng
quality

zhìliàng bǎo zhèng	质量保证	quality assurance

zhìliàng kòng zhì	质量控制	quality control
zhìliàng guǎnlǐ	质量管理	quality management

制造
zhìzào
manufacturing

zhìzào dàilǐ shāng	制造代理商	manufacturer's agent
zhìzào yè	制造业	manufacturing (industry)
zhìzào gōngchéng	制造工程	manufacturing engineering
zhìzào shèshī	制造设施	manufacturing facilities
zhì zào yè	制造业	manufacturing industries
zhìzào fèiyòng	制造费用	manufacturing overhead
zhìzào guòchéng	制造过程	manufacturing process

An English-to-Chinese Glossary

A.

abacus	算盘	suànpán
above-mentioned	上述	shàng shù
above-par	高于票面	gāo yú piào miàn
absentee ownership	所有者缺位	suǒ yǒu zhě quē wèi
absenteeism	旷工	kuàng gōng
absorb a loss	吸收损失	xī shōu sǔn shī
absorption costing	吸收成本	xī shōu chéng běn
abstract of title	抽象的所有权	chōu xiàng de suǒ yǒu quán
abuse of trust	滥用信用	lànyòng xìnyòng
accelerated amortization	加速摊销	jiā sù tān xiāo
accelerated depreciation	加速折旧	jiā sù zhé jiù
acceleration clause	加速条款	jiā sù tiáo kuǎn
accept	接受/接纳	jiē shòu / jiē nà
acceptable quality level	可接受质量水平	kě jiē shòu zhì liàng shuǐ píng
acceptance	验收	yàn shōu
acceptance of contract	承兑合同	chéngduì hétóng
acceptance sampling inspection	接受抽样检查	jiē shòu chōu yàng jiǎn chá
accidental damage	意外损坏	yìwài sǔnhuài
account	帐户	zhànghù
account balance	帐户余额	zhànghù yú é
account number	帐户号码	zhànghù hàomǎ
accountability	问责制	wèn zé zhì
accountant	会计师	kuài jì shī

accounting	会计	kuài jì
accounting method	会计方法	kuài jì fāng fǎ
accounting system	会计制度	kuàijì zhìdù
accounts payable	应付帐款	yìng fù zhàng kuǎn
accounts receivable	应收账款	yīng shōu zhàng kuǎn
accrue	累积	lěi jī
accrued expenses	应计费用	yīng jì fèi yòng
accrued interest	应计利息	yīng jì lìxí
accrued profits	应计利润	yīng jì lìrùn
accumulated profit	累计利润	lěijì lìrùn
acid-test ratio	酸性测试比率	suān xìng cè shì bǐ lǜ
acknowledgement	承认	chéng rèn
acquired rights	既得权利	jì dé quán lì
action plan	行动计划	xíng dòng jì huà
act of God	天灾	tiān zāi
active accounts	活跃帐户	huó yuè zhàng hù
active assets	活动资产	huó dòng zī chǎn
active debt	活动债务	huó dòng zhài wù
activity chart	活动图	huó dòng tú
actual cost	实际成本	shí jì chéng běn
add-on sales	附加销售	fù jiā xiāo shòu
addendum	补遗	bǔ yí
adjustment process	调整过程	tiáo zhěng guò chéng
administration	管理	guǎnlǐ
administrator	管理员	guǎnlǐ yuán
administrative expense	管理费用	guǎn lǐ fèi yòng
advance payment	预付款	yù fù kuǎn
advanced technology	先进技术	xiān jìn jì shù
advertising	广告	guǎng gào

advertising agency	广告公司	guǎng gào gōng sī
advertising budget	广告预算	guǎng gào yù suàn
advertising expenses	广告费用	guǎng gào fèi yòng
advisory council	顾问委员会	gù wèn wěi yuán huì
affidavit	宣誓书	xuān shì shū
affiliate	子公司	zǐ gōng sī
affirmative action	反歧视行動	fǎn qí shì xíng dòng
after hours trading	盘后交易	pán hòu jiāo yì
after sales service	售后服务	shòu hòu fú wù
after tax profit	税后利润	shuì hòu lì rùn
agency fee	代理费	dài lǐ fèi
agent	代理	dài lǐ
aggregate demand	总需求	zǒng xū qiú
aggregate risk	综合风险	zòng hé fēng xiǎn
aggregate supply	总供给	zǒng gōng jǐ
agreement	协议	xié yì
agricultural products	农产品	nóng chǎn pǐn
agriculture	农业	nóng yè
air freight	空运	kōng yùn
algorithm	算法	suàn fǎ
alien corporation	外来公司	wài lái gōng sī
allocation of costs	成本分配	chéng běn fēn pèi
allowance	津贴	jīntiē
alloy	合金	hé jīn
alloy steel	合金钢	hé jīn gāng
alternating current	交流电	jiāo liú diàn
aluminum	铝	lǚ
aluminum ingot	铝锭	lǚ dìng
amend	修改	xiū gǎi

amendment	修正案	xiū zhèng àn
amortization	摊销	tān xiāo
amount	数量 / 款项	shù liàng / kuǎn xiàng
amount due	到期金额	dào qī jī né
analysis	分析	fēn xī
analyst	分析师	fēn xī shī
annealing	退火	tuì huǒ
announcement	公告	gōnggào
annual audit	年度审计	nián dù shěn jì
annual income	年收入	nián shōurù
annual interest	年息	nián xī
annual report	年度报告	nián dù bào gào
annuity	年金	nián jīn
antibiotic	抗生素	kàng shēng sù
antiseptic	防腐剂	fáng fǔ jì
antitrust laws	反托拉斯法	fǎn tuō lā sī fǎ
apparel	服装	fú zhuāng
application form	申请表格	shēn qǐng biǎo gé
appointment (meeting)	约会	yuē huì
appointment (to a position)	任命	rèn mìng
approval	赞成	zàn chéng
arbitrage (of stocks)	套购证券	tào gòu zhèng quàn
arbitration	仲裁	zhòng cái
arbitration agreement	仲裁协议	zhòng cái xié yì
arbitrator	仲裁员	zhòng cái yuán
area manager	区域经理	qū yù jīng lǐ
armaments	军备	jūn bèi
arrears	拖欠	tuō qiàn
artificial intelligence	人工智能	rén gōng zhì néng

asking price	要价	yào jià
assembly	装配	zhuāng pèi
assembly line	装配线	zhuāng pèi xiàn
assembly plant	装配厂	zhuāng pèi chǎng
assess	评估	píng gū
assessment	估价	gū jià
asset	资产	zī chǎn
asset turnover	资产周转率	zī chǎn zhōu zhuǎn lǜ
asset value	资产值	zī chǎn zhí
assignee	受让人	shòu ràng rén
assistant	助理	zhù lǐ
assistant general manager	助理总监	zhù lǐ zǒng jiān
assistant manager	助理经理	zhù lǐ jīng lǐ
assumed liability	承担责任	chéng dān zé rèn
ATM	自动柜员机	zì dòng guì yuán jī
attorney	律师	lǜ shī
audit	审计	shěn jì
audit trail	审计跟踪	shěn jì gēn zōng
auditor	审计师	shěnjì shī
autarky	自给自足	zì jǐ zì zú
authority	权威	quán wēi
authorize	授权	shòu quán
authorized dealer	授权经销商	shòu quán jīng xiāo shāng
authorized shares	授权股票	shòu quán gǔ piào
authorized signature	授权签字	shòu quán qiān zì
auto parts	汽车配件	qì chē pèi jiàn
automatic	自动的	zì dòng de
automation	自动化	zì dòng huà

automobile	汽车	qì chē
automotive industry	汽车行业	qì chē háng yè
average	平均	píng jūn
average cost	平均成本	píng jūn chéng běn
average life	平均寿命	píng jūn shòu mìng
average unit cost	平均单位成本	píng jūn dān wèi chéng běn
aviation	航空	hángkōng
airline	航空公司	hángkōng gōngsī
avoidable costs	可避免成本	kě bì miǎn chéng běn
award	授予	shòuyǔ

B.

back order	延期交货	yán qī jiāo huò
backlog	积压	jī yā
bad debt	坏帐	huài zhàng
balance of payments	国际收支	guó jì shōu zhī
balance of trade	贸易差额	mào yì chā é
bank	银行	yínháng
bank acceptance	银行承兑汇票	yínháng chéng duì huì piào
bank account	银行帐户	yínháng zhànghù
bank balance	银行存款余额	yínháng cúnkuǎn yú é
bank charges	银行手续费	yínháng shǒuxù fèi
bank check	银行支票	yínháng zhīpiào
bank deposit	存款	cúnkuǎn
bank draft	银行汇票	yínháng huì piào
bank holiday	银行假日	yínháng jià rì

bank letter of credit	银行信用证	yínháng xìn yòng zhèng
bank loan	银行贷款	yínháng dàikuǎn
bank rate	银行利率	yínháng lìlǜ
banking	银行业	yínhángyè
bankruptcy	破产	pò chǎn
bankruptcy law	破产法	pò chǎn fǎ
bar chart	条形图	tiáo xíng tú
bar code	条码	tiáomǎ
bar code scanner	条码扫描器	tiáomǎ sǎomiáo qì
bargain (haggle)	讨价还价	tǎo jià huán jià
bargain (good buy)	廉价品	lián jià pǐn
bargain price	大减价	dà jiǎn jià
bargaining power	讨价还价能力	tǎojiàhuánjià nénglì
barter	易货贸易	yì huò mào yì
base currency	基础货币	jī chǔ huò bì
base year	基期年度	jī jī nián dù
batch processing	成批处理	chéng pī chǔ lǐ
batch production	分批生产	fēn pī shēng chǎn
battery	电池	diàn chí
baud	波特	bō tè
bear market	熊市	xióng shì
bearer bond	不记名债券	bù jìmíng zhài quàn
bearer security	不记名有价证券	bù jìmíng yǒu jià zhèngquàn
bell-shaped curve	钟形曲线	zhōng xíng qū xiàn
below par	低于平价	dī yú píng jià
beneficiary	受益人	shòuyì rén
benefit	利益	lìyì
best-seller (product)	畅销品	chàngxiāo pǐn
bid	出价	chū jià

bill of exchange	汇票	huì piào
bill of lading	提单	tí dān
bill of sale	买卖证书	mǎi mài zhèng shū
bill of sight	见票即付汇票	jiàn piào jí fù huì piào
billboard	广告牌	guǎng gào pái
biochemistry	生物化学	shēng wù huà xué
black market	黑市	hēi shì
blackmail	勒索	lèsuǒ
blanket order	总括订货	zǒng guā dìng huò
blast furnace	高炉	gāo lú
blue chip stock	绩优股 / 蓝筹股	jì yōu gǔ / lánchóugǔ
blue collar worker	蓝领工作者	lán lǐng gōng zuò zhě
blueprint	蓝图	lán tú
board meeting	董事会议	dǒng shì huì yì
board room	董事会议室	dǒng shì huì yì shì
board of directors	董事会	dǒng shì huì
bookkeeping	簿记	bù jì
bond	债券	zhài quàn
bond rating	债券评级	zhài quàn píng jí
bonded goods	保税货物	bǎo shuì huò wù
bonded warehouse	保税仓库	bǎo shuì cāng kù
bonus system	奖金制度	jiǎngjīn zhìdù
book inventory	帐面存货	zhàng miàn cún huò
book value	账面价值	zhàng miàn jià zhí
bookkeeping	簿记	bù jì
boom	兴盛	xīng shèng
border	国家边界	guójiā biānjiè
border crossing	边界过境点	biānjiè guòjìng diǎn
borrower	借款人	jièkuǎn rén

English	中文	Pinyin
bottom price	最低价格	zuìdī jiàgé
boycott	联合抵制	lián hé dǐ zhì
branch office	分支机构	fēn zhī jī gòu
breach of contract	违反合同	wéi fǎn hé tóng
breakeven analysis	盈亏平衡分析	yíng kuī píng héng fēn xī
breakeven point	盈亏平衡点	yíng kuī píng héng diǎn
bribery	贿赂	huì lù
briefcase	公文包	gōng wén bāo
broker	经纪人	jīng jì rén
budget	预算	yù suàn
budget forecast	预算预测	yùsuàn yùcè
budget year	预算年度	yùsuàn niándù
bug (computer)	病毒	bìng dú
bulk	散装	sǎnzhuāng
bull market	牛市	niú shì
burden rate	费用负担率	fèi yòng fù dān lǜ
bureaucrat	官僚	guān liáo
business	商业	shāngyè
business activity	商业活动	shāng yè huó dòng
business card	名片	míng piàn
business center	商务中心	shāngwù zhōngxīn
business cycle	商业循环	shāng yè xún huán
business district	商务区	shāngwù qū
business hours	营业时间	yíngyè shíjiān
business law	商业法	shāng yè fǎ
business management	企业管理	qǐ yè guǎn lǐ
business plan	业务计划	yè wù jì huà
business policy	商业政策	shāng yè zhèng cè
business school	商学院	shāng xué yuàn

business strategy	经营战略	jīng yíng zhàn lüè
business tax	营业税	yíngyèshuì
buyer (general)	买方	mǎi fāng
buyer (purchasing agent)	采购员	cǎi gòu yuán
buyer's option	买方期权	mǎi fāng qí quán
buyout	全部买下	quán bù mǎi xià
by-product	副产品	fù chǎn pǐn
byte	字节	zì jié

C.

cable	电缆	diàn lǎn
calculator	计算器	jì suàn qì
call loan	短期同行拆借	duǎn qī tóng háng chāi jiè
call option	买入期权	mǎi rù qī quán
camshaft	凸轮轴	tú lún zhóu
cancel	取消	qǔ xiāo
cancelled check	注销支票	zhù xiāo zhī piào
capacity	容量	róng liàng
capital	资本	zī běn
capital account	资本帐户	zī běn zhàng hù
capital allowance	资本储备金	zī běn chú bèi jīn
capital asset	资本资产	zī běn zī chǎn
capital budget	资本预算	zī běn yù suàn
capital expenditure	资本支出	zī běn zhī chū
capital goods	资本财货	zī běn cái huò
capital increase	增资	zēng zī

capital market	资本市场	zī běn shì chǎng
capital stock	股本	gǔ běn
capital surplus	资本盈余	zī běn yíng yú
capitalism	资本主义	zī běn zhǔ yì
capitalization	资本总额	zī běn zǒng é
cargo	货物	huò wù
cargo vessel	货船	huòchuán
carload	车装货物	chē zhuāng huò wù
carrying charge	产权维持费	chǎn quán wéi chí fèi
cartel	卡特尔	kǎ tè ěr
cash	现金	xiàn jīn
cash advance	预借现金	yù jiè xiànjīn
cash flow	现金流量	xiàn jīn liú liàng
cash on delivery	货到付款	huò dào fù kuǎn
cash payment	现金支付	xiàn jīn zhī fù
cash register	现金出纳机	xiàn jīn chū nà jī
cash discount	现金折扣	xiàn jīn zhé kòu
cashier's check	本票	běn piào
ceiling price	最高价格	zuìgāo jiàgé
CEO	总裁	zǒng cái
certificate of deposit	存款证	cún kuǎn zhèng
certificate of origin	产地证明书	chǎn dì zhèng míng shū
certified check	认证检查	rèn zhèng jiǎn chá
certified public accountant	注册公共会计师	zhù cè gōng gòng kuài jì shī
chain of command	指挥系统	zhǐ huī xì tǒng
chain store	连锁店	lián suǒ diàn
chairman of the board	董事长	dǒng shì zhǎng
chairperson	主席	zhǔxí
chamber of commerce	商会	shānghuì

chart	图表	tú biǎo
charter	宪章	xiàn zhāng
chassis (of a car)	车底架	chē dǐ jià
check	支票	zhī piào
chief accountant	总会计师	zǒng kuài jì shī
chemicals	化学药品	huà xué yào pǐn
chemical engineer	化学工程师	huà xué gōng chéng shī
chemical fertilizer	化学肥料	huà xué féi liào
chemical industry	化学工业	huà xué gōng yè
chromium	铬	gè
circuit breaker	断路开关	duàn lù kāi guān
civil engineering	土木工程	tǔ mù gōng chéng
claim (damages)	索赔	suǒ péi
claim (general)	要求	yāo qiú
classification	分类	fēnlèi
classified ad	分类广告栏	fēn lèi guǎng gào lán
clearance sale	出清存货大贱卖	chū qīng cúnhuò dà jiàn mài
client	客户	kèhù
closing date	截止日期	jiézhǐ rìqí
closing price	收盘价	shōupán jià
coinsurance	共同保险	gòng tóng bǎo xiǎn
cold rolling	冷轧	lěng zhá
collateral	抵押品	dǐ yā pǐn
colleague	同事	tóng shì
collections (of unpaid debts)	讨债	tǎo zhài
collective agreement	集体协议	jí tǐ xié yì
collective bargaining	集体谈判	jí tǐ tán pàn
color television	彩色电视	cǎi sè diàn shì

color printing	彩印	cǎi yìn
commerce	贸易	mào yì
commercial bank	商业银行	shāngyè yín háng
commercial discount	商业折扣	shāngyè zhékòu
commercial grade	商品等级	shāng pǐn děng jí
commercial invoice	商业发票	shāngyè fā piào
commission	佣金	yòngjīn
commitment	义务	yìwù
commodity	商品	shāngpǐn
commodity markets	商品市场	shāngpǐn shìchǎng
commodity prices	商品价格	shāngpǐn jiàgé
common market	共同市场	gòng tóng shì chǎng
common stock	普通股	pǔ tōng gǔ
community chest	公益金	gōng yì jīn
compact disc (CD)	激光唱片	jī guāng chàng piàn
compact disc player	激光唱机	jī guāng chàng jī
company	公司	gōng sī
company policy	公司政策	gōng sī zhèng cè
compensation	赔偿金	péi cháng jīn
competition	竞争	jìng zhēng
competitive advantage	竞争优势	jìng zhēng yōu shì
competitive price	竞争价格	jìng zhēng jià gé
competitive strategy	竞争战略	jìng zhēng zhàn lüè
competitiveness	竞争性	jìng zhēng xìng
competitor	竞争对手	jìng zhēng duì shǒu
components	部件	bù jiàn
compound (material)	化合物	huà hé wù
compound interest	复利	fù lì
comptroller	审计长	shěn jì zhǎng

computer	计算机 /电脑	jì suàn jī / diàn nǎo
computer language	计算机语言	jì suàn jī yǔ yán
computer program	计算机程序	jì suàn jī chéng xù
computer terminal	计算机终端	jì suàn jī zhōng duān
computer technician	电脑技术员	diàn nǎo jì shù yuán
computer virus	电脑病毒	diàn nǎo bìng dú
condenser	电容器	diàn róng qì
conditional acceptance	条件验收	tiáo jiàn yàn shōu
conditional contract	附条件合同	fù tiáo jiàn hé tóng
conductivity	电导率	diàn dǎo lǜ
conference room	会议室	huì yì shì
confirmation of order	订货确认书	dìng huò què rèn shū
conflict of interest	利益冲突	lì yì chōng tū
conglomerate	跨行业公司	kuà hang yè gōngsī
consideration (factor)	要考虑的因素	yào kǎo lǜ de yīn sù
consignee	收货人 / 代销人	shōu huò rén / dài xiāo rén
consignment	托运	tuō yùn
consignment contract	寄售合同	jì shòu hé tong
consignment sales	寄售	jì shòu
consignment store	寄售商店	jì shòu shāng diàn
consolidated financial statement	合并财务报表	hé bìng cái wù bào biǎo
consolidation	合并	hé bìng
consolidation of debt	债务合并	zhài wù hé bìng
consortium	财团	cái tuán
construction	建设	jiàn shè
consultant	顾问	gù wèn
consulting firm	顾问公司	gù wèn gōng sī
consumer	消费者	xiāo fèi zhě

consumer credit	消费信贷	xiāo fèi xìn dài
consumer credit counseling service	消费信用咨询服务	xiāo fèi xìn yòng zī xún fú wù
consumer goods	消费品	xiāo fèi pǐn
consumer loan	消费贷款	xiāo fèi dài kuǎn
consumer markets	消费品市场	xiāo fèi pǐn shì chǎng
consumer price index	消费价格指数	xiāo fèi jiàgé zhǐshù
consumer research	消费者研究	xiāo fèi zhě yán jiū
consumer survey	消费者调查	xiāo fèi zhě diào chá
contingencies	未预见费用	wèi yù jiàn fèi yòng
contingent liabilities	或有负债	huò yǒu fù zhài
contract	合同	hé tóng
contract month	合约月份	hé yuē yuè fèn
controllable costs	可控成本	kě kòng chéng běn
controlling interest	控股权益	kòng gǔ quán yì
convertible bond	可兑换债券	kě duì huàn zhài quàn
convertible securities	可转换证券	kě zhuǎn huàn zhèng quàn
cooperation	合作	hé zuò
copier	复印机	fù yìn jī
copper	铜	tóng
coprocessor	协处理器	xié chǔ lǐ qì
copy	复印	fù yìn
copyright	版权	bǎn quán
copyright law	著作权法	zhù zuò quán fǎ
corporation (limited liability company)	有限公司	yǒu xiàn gōng sī
corporate headquarters	公司总部	gōng sī zǒng bù
corporate image	公司形象	gōng sī xíng xiàng
corporate income tax	公司所得税	gōng sī suǒ dé shuì
corporate planning	公司计划编制	gōng sī jì huà biān zhì

corporate structure	公司结构	gōng sī jié gòu
correspondence	案牍	àn dú
cost	成本	chéng běn
cost accounting	成本会计	chéng běn kuài jì
cost analysis	成本分析	chéng běn fēn xī
cost and freight	成本加运费	chéng běn jiā yùn fèi
cost assignment	成本分配	chéng běn fēn pèi
cost effectiveness	成本效益	chéng běn xiào yì
cost factor	成本因素	chéng běn yīn sù
cost of capital	资本成本	zī běn chéng běn
cost of goods sold	销货成本	xiāo huò chéng běn
cost of living	生活费	shēng huó fèi
cost reduction	费用减小	fèi yòng jiǎn xiǎo
cost-benefit analysis	费用效益分析	fèi yòng xiào yì fēn xī
cost-plus contract	成本加酬契约	chéng běn jiā chóu qì yuē
cost-plus-fee contract	成本加费用合同	chéng běn jiā fèi yòng hé tóng
cost-plus-percentage contract	成本加比例报酬制合同	chéng běn jiā bǐ lì bào chóu zhì hé tóng
cost price	成本价格	chéng běn jià gé
cottage industry	家庭手工业	jiā tíng shǒu gōng yè
country of origin	原产国	yuán chǎn guó
country risk	国家风险	guó jiā fēng xiǎn
credit	贷款/信用/信贷	dàikuǎn / xìnyòng / xìndài
credit card	信用卡	xìnyòng kǎ
credit crunch	信贷紧缩	xìndài jǐn suō
credit entry	信贷项目	xìndài xiàng mù
credit line	信用额度	xìnyòng é dù
credit management	信贷管理	xìnyòng guǎn lǐ

credit rating	信用评级	xìnyòng píng jí
credit restriction	信贷限制	xìndài xiànzhì
credit terms	信贷条件	xìndài tiáojiàn
credit union	互助会	hù zhù huì
creditor	债权人	zhài quán rén
criminal activity	犯罪活动	fàn zuì huó dòng
criminal law	刑法	xíng fǎ
critical path analysis	关键路线分析	guān jiàn lù xiàn fēn xī
cross licensing	交换使用专利权	jiāo huàn shǐ yòng zhuān lì quán
crystal glass	水晶玻璃	shuǐ jīng bō lí
cum dividend	包括股息	bāo kuò gǔ xí
cumulative	累积	lěi jī
cumulative capital stock	累积股本	lěi jī gǔ běn
currency	货币／通货	huòbì／tōnghuò
currency appreciation	货币升值	huòbì shēngzhí
currency band	货币浮动幅度	huòbì fúdòng fúdù
currency clause	货币条款	huòbì tiáo kuǎn
currency conversion	货币折算	huòbì zhésuàn
currency depreciation	货币贬值	huòbì biǎnzhí
currency risk	通货保证险	tōng huò bǎo zhèng xiǎn
current account	往来账	wǎng lái zhàng
current assets	流动资产	liú dòng zī chǎn
current liabilities	流动负债	liú dòng fù zhài
current ratio	流动比率	liú dòng bǐ lǜ
current yield	本期收益率	běn qī shōu yì lǜ
customer	顾客/消费者	gù kè / xiāo fèi zhě
customer satisfaction	消费者满意度	xiāo fèi zhě mǎn yì dù
customer service	客户服务	kè hù fú wù
customs	海关	hǎi guān

customs broker	海关经纪人	hǎi guān jīng jì rén
customs duty	关税	guānshuì
customs invoice	海关发票	hǎi guān fā piào
customs regulations	关税税则	guān shuì shuì zé
cutback	减少	jiǎn shǎo
cutting tool	刀具	dāo jù

D.

dairy products	乳制品	rǔ zhì pǐn
damage	损害	sǔn hài
dangerous goods	危险货物	wéi xiǎn huò wù
data	数据	shù jù
data acquisition	数据获取	shù jù huò qǔ
database	数据库	shù jù kù
data processing	数据处理	shù jù chǔ lǐ
day loan	日贷	rì dài
day order	当日委托指令	dāng rì wěi tuō zhǐ lìng
day trader	当日交易者	dāng rì jiāo yì zhě
day trading	当日交易	dāng rì jiāo yì
dead freight	空舱费	kōng cāng fèi
deadline	限期	xiàn qī
deadlock	僵局	jiāng jú
dealer	商人	shāng rén
dealership	经销商	jīng xiāo shāng
debit entry	借方分錄	jiè fāng fēn lù

debit card	借记卡	jiè jì kǎ
debit note	借项清单	jiè xiàng qīng dān
debt	债务	zhài wù
debtor	债务人	zhàiwùrén
debug	调试 / 纠错	tiáo shì / jiū cuò
debt management	债务管理	zhài wù guǎn lǐ
decimal system	十进位制	shí jìnwèi zhì
deductible	可扣除的	kě kòu chú de
deduction	扣除	kòu chú
deed	契据	qì jù
deed of assignment	转让证书	zhuǎn ràng zhèng shū
deed of purchase	买卖契据	mǎi mài qì jù
deed of trust	信托契约	xìn tuō qì yuē
defect	缺陷	quē xiàn
defective	有缺点的	yǒu quē diǎn de
defective goods	次品	cì pǐn
deferred annuity	递延租金	dì yán zū jīn
deferred income	递延收益	dì yán shōu yì
deferred liability	递延负债	dì yán fù zhài
deferred taxes	递延税款	dì yán shuì kuǎn
deficit	赤字	chì zì
deficit financing	赤字财政	chì zì cái zhèng
deficit spending	赤字开支	chìzì kāizhī
deflation	通货紧缩	tōng huò jǐn suō
delinquent account	拖欠帐户	tuō qiàn zhàng hù
delivery	交货	jiāo huò
delivery date	交货日期	jiāo huò rì qí
delivery note	交货单	jiāo huò dān
demand (economics)	需要	xū yào

demand (request)	要求	yāo qiú
demotion	降级 / 降职	jiàng jí / jiàng zhí
density	密度	mì dù
department	部门	bù mén
Department of Commerce	商业部	shāng yè bù
Department of Justice	律政司署	lǜ zhèng sī shǔ
department store	百货商店	bǎi huò shāng diàn
deposit (bank account)	储蓄	chǔ xù
deposit (earnest money)	保证金	bǎo zhèng jīn
depreciation (currency)	货币贬值	huò bì biǎn zhí
depreciation (accounting)	折旧	zhé jiù
depreciation of fixed assets	固定资产折旧	gù dìng zī chǎn zhé jiù
depression	大萧条	dà xiāo tiáo
design	设计	shè jì
designer	设计师	shè jì shī
desktop computer	桌面计算机	zhuō miàn jì suàn jī
desktop publishing	桌面出版	zhuō miàn chū bǎn
devaluation	货币贬值	huò bì biǎn zhí
die casting	压铸	yā zhù
die casting machine	压铸机	yā zhù jī
diode	二极管	èr jí guǎn
direct cost	直接费	zhíjiē fèi
direct expenses	直接费用	zhíjiē fèi yòng
direct investment	直接投资	zhíjiē tóu zī
direct labor	直接劳动	zhíjiē láo dòng
direct mail marketing	直接邮寄营销	zhíjiē yóu jì yíng xiāo
direct selling	直接销售	zhíjiē xiāo shòu
director	主任	zhǔrèn

discount	折扣	zhékòu
discount rate	折扣率	zhékòu lǜ
discount securities	折扣证券	zhékòu zhèngquàn
discounted cash flow	减少现金流通	jiǎnshǎo xiànjīn liútōng
discretion	酌处权	zhuó chǔ quán
disguised unemployment	隐形失业	yǐn xíng shī yè
distribution	分配	fēnpèi
distribution channel	分销渠道	fēn xiāo qú dào
divestment	撤资	chèzī
dividend	股份红利	gǔ fèn hóng lì
dock	船坞	chuán wù
dock charges	码头费	mǎ tóu fèi
document	文件	wén jiàn
dollar cost averaging	美元成本平均法	měi yuán chéng běn píng jūn fǎ
dollar crisis	美元危机	měi yuán wéi jī
domestic corporation	国内法人	guó nèi fǎ rén
domestic consumption	国内消费	guó nèi xiāo fèi
domestic currency	国内通货	guó nèi tōng huò
domestic trade	国内贸易	guó nèi màoyì
door-to-door sales	上门销售	shàng mén xiāo shòu
dotcom	网络公司	wǎngluò gōngsī
double entry bookkeeping	复式簿记	fù shì bù jì
double taxation	双重征税	shuāng chóng zhēng shuì
Dow Jones Stock average	道琼斯股票价格平均数	dào qióng sī gǔ piào jiàgé ping jūn shù
down payment	首付款	shǒu fù kuǎn
downturn	下降趋势 / 停滞	xià jiàng qū shì / tíng zhì
draft (banking)	汇票	huì piào

draft (document)	草稿	cǎo gǎo
drilling machine	钻机	zuàn jī
drop shipment	直接发运交货	zhí jiē fā yùn jiāo huò
dry cargo	干货	gān huò
dry-cargo ship	干货船	gān huò chuán
dry goods	干货	gān huò
due date	到期日	dào qí rì
dumping	倾销	qīng xiāo
dunnage	垫料	diàn liào
durable goods	耐用品	nài yòng pǐn
duress	胁迫	xié pò
dutiable goods	征税货物	zhēng shuì huò wù
duty (tax)	税	shuì
duty-free	免税的	miǎn shuì de

E.

earnest money	保证金	bǎo zhèng jīn
earnings	收益	shōu yì
earnings per share	每股盈利	měi gǔ yíng lì
earnings report	收益报告	shōu yì bào gào
earthenware	陶器	táo qì
e-commerce	电子商务	diànzǐ shāngwù
econometrics	计量经济学	jì liàng jīng jì xué
economic barometer	经济晴雨表	jīng jì qíng yǔ biǎo
economic class	经济级别	jīng jì jí bié

economic growth	经济增长	jīng jì zēng zhǎng
economic forecast	经济预测	jīng jì yù cè
economic indicators	经济指标	jīng jì zhǐ biāo
economic stimulus	经济刺激	jīng jì cì jī
economic theory	经济理论	jīng jì lǐ lùn
economics	经济学	jīng jì xué
economist	经济学家	jīng jì xué jiā
economy	经济	jīng jì
economy of scale	规模经济	guī mó jīng jì
effective date	生效日期	shēngxiào rìqí
effective yield	有效收益	yǒu xiào shōu yì
elasticity of demand	需求弹性	xū qiú tán xìng
elasticity of supply	供应弹性	gōng yìng tán xìng
electric circuit	电路	diàn lù
electrical engineering	电气工程	diàn qì gōng chéng
electricity	电力	diàn lì
electrode	电极	diàn jí
electronics	电子工业	diàn zǐ gōng yè
email	电子邮件	diàn zǐ yóu jiàn
e-marketplace	电子市场	diànzǐ shìchǎng
employee	雇员	gù yuán
employee counseling	职工咨询	zhígōng zīxún
employee handbook	员工手册	yuán gōng shǒu cè
employee relations	劳资关系	láo zī guān xì
employer	雇主	gù zhǔ
employment agency	职业介绍所	zhí yè jiè shào suǒ
employment contract	雇佣合约	gù yōng hé yuē
employment rate	就业率	jiù yè lǜ
employment security	就业保险	jiù yè bǎo xiǎn

employment status	就业情况	jiù yè qíng kuàng
end product	最终产物	zuì zhōng chǎn wù
endorse	背签	bèi qiān
endowment	捐赠	juān zèng
engineer	工程师	gōng chéng shī
engineering	工程	gōng chéng
engineering department	工程部门	gōng chéng bù mén
engineering design	工程设计	gōng chéng shè jì
engineering plastics	工程塑料	gōng chéng sù liào
enterprise	企业	qǐyè
entrepreneur	企业家	qǐyè jiā
entrepreneurial spirit	企业家精神	qǐyè jiā jīng shén
equal pay for equal work	同工同酬	tóng gōng tóng chóu
equipment	设备	shè bèi
equipment cost	设备成本	shè bèi chéng běn
equity	财产净值	cái chǎn jìng zhí
equity capital	产权资本	chǎn quán zī běn
ergonomics	人体工程学	rén tǐ gōng chéng xué
error	错误	cuò wù
escalator clause	调整条款	tiáo zhěng tiáo kuǎn
escape clause	例外条款	lì wài tiáo kuǎn
escrow account	代管帐户	dài guǎn zhàng hù
estimate	估计	gūjì
executive	高级管理人员	gāojí guǎnlǐ rényuán
executive perquisitives	高级管理人员的额外补贴	gāojí guǎnlǐ rényuán de éwài bǔtiē
exchange rate	汇率	huì lǜ
exchange risk	汇率风险	huìlǜ fēngxiǎn
exemption	豁免	huòmiǎn

expenditure	支出	zhīchū
export	出口	chūkǒu
export duty	出口税	chūkǒu shuì
export sales	出口销售	chūkǒu xiāoshòu
external trade	对外贸易	duìwài màoyì

F.

face value	面值	miànzhí
factory	工厂	gōng chǎng
factory automation	工厂自动化	gōng chǎng zì dòng huà
factory manager	厂长	chǎng zhǎng
factory overhead	工厂管理费	gōng chǎng guǎn lǐ fèi
failure	失败	shī bài
fair market value	公平市价	gōng píng shì jià
fair trade	公平贸易	gōng píng mào yì
farmer-entrepreneur	农民企业家	nóng mín qǐ yè jiā
fashion	时装	shí zhuāng
fashion designer	时装设计师	shí zhuāng shè jì shī
fashion goods	时髦商品	shí máo shāng pǐn
fashion industry	时装业	shí zhuāng yè
fast food	快餐	kuàicān
FBI	联邦调查局	lián bāng diào chá jú
fiberglass	玻璃纤维	bō li xiān wéi
fidelity bond	忠诚保险契约	zhōng chéng bǎo xiǎn qì yuē
fiduciary duty	信托责任	xìn tuō zé rèn
fiduciary loan	信用贷款	xìn yòng dài kuǎn

fifth-generation computer	第五代计算机	dì wǔ dài jì suàn jī
finance	财政	cái zhèng
finance charge	融资费用	róng zī fèi yòng
finance company	信贷公司	xìn dài gōng sī
finance department	财务部门	cái wù bù mén
financial analysis	财务分析	cái wù fēn xī
financial control	财务控制	cái wù kòng zhì
financial control system	财务控制制度	cái wù kòng zhì zhì dù
financial incentive	金钱刺激	jīn qián cì jī
financial instrument	金融商品	jīn róng shāng pǐn
financial planning	财务规划	cái wù guī huà
financial statement	财务报表	cái wù bào biǎo
financial (or fiscal) year	财政年度	cái zhèng nián dù
fine (penalty)	罚款	fá kuǎn
finished goods	制成品	zhì chéng pǐn
finished goods inventory	制成品存货	zhì chéng pǐn cún huò
fire (terminate)	解雇	jiě gù
fiscal agent	财务代理	cái wù dài lǐ
fiscal discipline	财政纪律	cái zhèng jì lǜ
fiscal drag	财政障碍	cái zhèng zhàng'ài
fiscal policy	财政政策	cái zhèng zhèng cè
fiscal restraint	财政约束	cái zhèng yuē shù
fiscal year	财政年度	cái zhèng nián dù
fixed assets	固定资产	gù dìng zī chǎn
fixed capital	固定资本	gù dìng zī běn
fixed capital investment	固定资本投资	gù dìng zī běn tóu zī
fixed cost	固定成本	gù dìng chéng běn
fixed expenses	固定费用	gù dìng fèi yòng
fixed income	固定收入	gù dìng shōu rù

fixed operating cost	固定经营成本	gù dìng jīng yíng chéng běn
floating debt	浮动债务	fú dòng zhài wù
floating interest rate	浮动利率	fú dòng lì lǜ
floating rate	浮动汇率	fú dòng huì lǜ
flowchart	流程图	liú chéng tú
foodstuff	食品	shípǐn
forecast	预测	yù cè
foreign exchange	外汇	wàihuì
foreign trade	外贸	wàimào
forged document	伪造文件	wěizào wénjiàn
free of charge	免费	miǎnfèi
free on board (FOB)	船上交货 / 离岸价格	chuán shàng jiāo huò / lí àn jià gé
free on board destination	目的地交货	mù de dì jiāo huò
free port	自由港	zì yóu gǎng
freelance	自由职业者	zì yóu zhí yè zhě
free trade	自由贸易	zì yóu mào yì
free trade zone	自由贸易区	zì yóu mào yì qū
freight	货运	huò yùn
freight charges	运费	yùnfèi
freight collect	运费待收	yùn fèi dài shōu
freight forwarder	货运代理	huò yùn dài lǐ
freight prepaid	运费预付	yùn fèi yù fù
fringe benefit	附加福利	fùjiā fúlì
fringe benefit cost	附加福利费	fùjiā fúlì fèi
fringe costs	额外的费用	é wài de fèi yòng
frozen assets	被冻结资产	bèi dòng jié zī chǎn
fuel cost	燃料费	rán liào fèi

function	功能 / 职能	gōngnéng / zhínéng
fund	基金	jī jīn
fundraising	资金筹措	zī jīn chóu cuò
fungible goods	可替代品	kě tì dài pǐn
futures	期货	qí huò
futures market	期市	qī shì
futures transaction	期货交易	qí huò jiāo yì

G.

gain	营利	yíng lì
gains	利润	lì rùn
gallon	加仑	jiā lún
garnishment	扣押	kòu yā
garnishment of wages	扣押工资令	kòu yā gōng zī lìng
gearshift	换挡杆	huàn dǎng gān
general acceptance	普遍接受	pǔ biàn jiē shòu
general manager	总经理	zǒng jīng lǐ
general partnership	普通合伙	pǔ tōng hé huǒ
general strike	总罢工	zǒng bà gōng
general meeting of shareholders	股东大会	gǔ dōng dà huì
gentleman's agreement	君子协定	jūn zǐ xié dìng
gift shop	礼品店	lǐpǐn diàn
glassware	玻璃仪器	bō lí yí qì
globalization	全球化	quán qiú huà
glut	充斥	chōngchì
go public	公开发售股票	gōng kāi fā shòu gǔ piào

go to market	上市	shàng shì
going concern	运营企业	yùn yíng qǐ yè
going rate	现率	xiàn lǜ
gold	金	jīn
gold bar	金条	jīntiáo
gold clause	黄金条款	huáng jīn tiáo kuǎn
gold coin	金币	jīnbì
gold price	黄金价格	huáng jīn jià gé
gold and dollar reserves	黄金美元储备	huáng jīn měi yuán chú bèi
gold-plated	包金的	bāo jīn de
government	政府	zhèng fǔ
government agency	政府机构	zhèng fǔ jī gòu
government bank	政府银行	zhèng fǔ yín háng
government bonds	公债券	gōng zhài quàn
grace period	宽限期	kuān xiàn qí
graft	贿赂	huì lù
grain	粮食	liáng shí
graph	图表	tú biǎo
gratuity	小费	xiǎo fèi
grievance procedure	诉冤制度	sù yuān zhì dù
gross domestic product	国内生产总值	guó nèi shēng chǎn zǒng zhí
gross earnings	总收益	zǒng shōu yì
gross income	总收入	zǒng shōu rù
gross margin	毛利率	máo lì lǜ
gross national product	国民生产总值	guómín shēngchǎn zǒng zhí
gross profit	毛利	máo lì
gross profit on sales	销货毛利	xiāo huò máo lì
gross sales	销售总额	xiāo shòu zǒng é

gross weight	毛重	máo zhòng
gross yield	总收益率	zǒng shōu yì lǜ
group account	集团账户	jí tuán zhàng hù
group insurance	团体保险	tuán tǐ bǎo xiǎn
growth company	快速发展公司	kuài sù fā zhǎn gōng sī
growth industry	新兴行业	xīn xīng háng yè
growth rate	增长率	zēng zhǎng lǜ
growth stock	增长股票	zēng zhǎng gǔ piào
guarantee	保证	bǎo zhèng
guesstimate	猜测	cāi cè
guidelines	指导方针	zhǐ dǎo fāng zhēn

H.

half price	半价	bàn jià
handbook	手册	shǒucè
handheld computer	掌上电脑	zhǎngshàng diànnǎo
handicraft industry	手工业	shǒugōngyè
harbor	港	gǎng
harbor dues	港务费	gǎng wù fèi
hard sell	强行推销	qiángxíng tuīxiāo
hard currency	硬通货	yìng tōng huò
hardware	硬件	yìng jiàn
headhunter	猎头顾问	liè tóu gù wèn
head office	总部	zǒng bù
hidden agenda	隐藏的议程	yǐncáng de yìchéng

hidden assets	隐性资产	yǐn xìng zīchǎn
hidden tax	隐蔽税	yǐnbì shuì
highest bidder	出价最高的人	chūjià zuìgāo de rén
hire	雇用	gù yòng
hoard	囤积/储藏	túnjī / chúcáng
holding company	控股公司	kònggǔ gōngsī
holding period	持有时间	chí yǒu shíjiān
home market	国内市场	guónèi shìchǎng
horsepower	马力	mǎlì
host country	东道国	dōngdàoguó
hot money	游资	yóuzī
household consumption	家庭消费	jiā tíng xiāo fèi
household goods	家庭用品	jiā tíng yòng pǐn
household income	家庭收入	jiā tíng shōu rù
housing loan	住房贷款	zhùfáng dàikuǎn
human resources	人力资源	rén lì zī yuán
human resources department	人事部	rénshì bù
hydrocarbon	碳氢化合物	tàn qīng huà hé wù

I.

idle capacity	闲置生产能力	xiánzhì shēngchǎn nénglì
idle cash	闲置现金	xiánzhì xiànjīn
ignition	发火装置	fāhuǒ zhuāngzhì
illegal	非法的	fēifǎ de
illegal trade	非法贸易	fēifǎ màoyì

implicit cost	隐性成本	yǐn xìng chéngběn
implied agreement	默示协议	mò shì xiéyì
import	进口	jìnkǒu
importer	进口商	jìnkǒu shāng
import duty	进口税	jìnkǒu shuì
import licence	进口许可证	jìnkǒu xǔkě zhèng
import-export licence	进出口许可证	jìn chūkǒu xǔkě zhèng
import quota	进口配额	jìnkǒu pèié
import regulations	进口法规	jìnkǒu fǎguī
impound	扣押	kòuyā
improve	改进	gǎijìn
impulse buy	冲动购买	chōngdòng gòumǎi
in arrears	拖欠	tuōqiàn
in bulk	散装	sǎnzhuāng
in-the-black	有盈余	yǒu yíngyú
in-the-red	有赤字	yǒu chìzì
incentive	奖励	jiǎnglì
incentive compensation	奖励报酬	jiǎnglì bàochóu
incentive (production) pay	增产奖金	zēngchǎn jiǎngjīn
inch	英寸	yīngcùn
incidental expenses	临时费用	línshí fèiyòng
income	收入	shōurù
income bracket	收入阶层	shōurù jiēcéng
income tax	所得税	suǒdéshuì
income statement	损益表	sǔnyì biǎo
income tax return	所得税申报表	suǒdéshuì shēnbào biǎo
increase	提高 / 增加	tígāo / zēngjiā
incremental cash flow	增量现金流量	zēng liàng xiànjīn liúliàng

incremental cost	增支成本	zēng zhī chéngběn
incremental revenue	增量收入	zēng liàng shōurù
index	指数	zhǐshù
indirect cost	间接成本	jiànjiē chéngběn
indirect labor	间接劳动	jiànjiē láodòng
indirect tax	间接税	jiànjiē shuì
induction furnace	感应炉	gǎnyìng lú
induction hardening	感应淬火	gǎnyìng cuìhuǒ
industrial accident	工伤事故	gōngshāng shìgù
industrial accident insurance	工伤保险	gōngshāng bǎoxiǎn
industrial arts	工艺	gōngyì
industrial planning	工业计划	gōngyè jìhuà
industrial relations	劳资关系	láo zī guān xì
industrial revolution	工业革命	gōngyè gémìng
industrial robot	工业机器人	gōngyè jīqìrén
industrialization	工业化	gōngyèhuà
industry	工业	gōngyè
industry practices	行业惯例	hángyè guànlì
industrywide	整个工业	zhěnggè gōngyè
inefficient	效率低的	xiàolǜ dī de
inelastic demand	无弹性需求	wú tánxìng xūqiú
infant industry	幼稚产业	yòuzhì chǎnyè
inflation	通货膨胀	tōng huò péng zhàng
infrastructure	基础设施	jīchǔ shèshī
ingot	锭	dìng
ingot mold	锭模	dìng mó
insurance	保险	bǎo xiǎn
insurance agent	保险代理人	bǎo xiǎn dài lǐ rén
insurance broker	保险经纪人	bǎo xiǎn jīng jì rén

insurance company	保险公司	bǎo xiǎn gōng sī
interest	利息	lìxí
interest period	利息期	lìxí qī
interest rate	利率	lìlǜ
interim report	中期报告	zhōngqí bàogào
international trade	国际贸易	guójì màoyì
inventory	存货	cúnhuò
inventory control	存货管制	cúnhuò guǎnzhì
invest	投资	tóuzī
investment	投资	tóuzī
investment analyst	投资分析师	tóuzī fēnxī shī
investment banker	投资银行家	tóuzī yínháng jiā
investment strategy	投资战略	tóuzī zhànlüè
investor	投资者	tóuzī zhě
invoice	发票	fā piào
issue	发行	fāxíng
issue price	发行价	fāxíng jià

J.

job	工作	gōngzuò
job description	职位描述	zhíwèi miáoshù
job function	工作职能	gōngzuò zhínéng
job interview	面试	miànshì
job opening	职位空缺	zhíwèi kòngquē
job seeker	求职者	qiúzhí zhě
job title	职衔	zhíxián
jobless	失业	shīyè

joint signature	联合签字	liánhé qiānzì
joint venture	合资企业	hézī qǐyè
judge	法官	fǎguān
judicial decision	司法裁决	sīfǎ cáijué

K.

kaizen	改善	gǎishàn
key industries	重点产业	zhòngdiǎn chǎnyè
key personnel	关键人员	guānjiàn rényuán
keyboard	键盘	jiànpán
Keynesian economics	凯恩斯经济学	Kǎiēnsī jīngjì xué
kickback	回扣	huíkòu
know-how	技能	jìnéng

L.

label	标签	biāoqiān
labor	劳动	láo dòng
labor force	劳动力	láo dòng lì
labor law	劳动法	láo dòng fǎ
labor market	劳动力市场	láodònglì shìchǎng
labor dispute	劳动争议	láo dòng zhēng yì
labor-intensive industry	劳动密集型产业	láodòng mìjí xíng chǎnyè
labor relations	劳资关系	láozī guānxi

labor-saving	省力	shěng lì
labor turnover	劳动力流动	láodònglì liúdòng
labor union	工会	gōng huì
laborer	劳动者	láo dòng zhě
lagging indicator	滞后指标	zhì hòu zhǐ biāo
laissez-faire	不干涉主义	bù gānshè zhǔyì
LAN	局域网	jú yù wǎng
land	土地	tǔdì
land law	土地法	tǔdì fǎ
land reform	土地改革	tǔdì gǎigé
land deed	田契	tián qì
land tax	土地税	tǔdì shuì
landed cost	卸岸成本	xiè àn chéng běn
landing charges	起货费	qǐ huò fèi
landowner	土地所有者	tǔdì suǒyǒu zhě
laptop computer	笔记本电脑	bǐjìběn diànnǎo
large scale integration	大规模集成技术	dà guīmó jíchéng jìshù
laser	激光	jī guāng
laser printer	激光打印机	jī guāng dǎ yìn jī
laser processing	激光加工	jīguāng jiāgōng
late payment	延迟付款	yán chí fù kuǎn
lawyer	律师	lǜshī
law firm	律师事务所	lǜshī shìwù suǒ
law of diminishing returns	报酬递减法则	bàochóu dìjiǎn fǎzé
lawsuit	诉讼	sùsòng
layoff	暂时休业	zhànshí xiū yè
lead time	准备时间	zhǔnbèi shíjiān
leading indicator	主要指标	zhǔyào zhǐbiāo
leading industries	主导行业	zhǔ dǎo hang yè

learning curve	学习曲线	xuéxí qǔ xiàn
lease	租赁	zū lìn
lease contract	租赁契约	zū lìn qì yuē
ledger	总帐	zǒng zhàng
ledger account	分类账账户	fēnlèi zhàng zhànghù
legal	法律的	fǎlǜ de
legal advisor	法律顾问	fǎlǜ gùwèn
legal problem	法律问题	fǎ lǜ wèn tí
legal system	法制	fǎzhì
legal tender	法定货币	fǎdìng huòbì
legalese	法律术语	fǎlǜ shùyǔ
lessee	承租人	chéng zū rén
lessor	出租人	chūzū rén
letter	信	xìn
letter of credit	信用证	xìnyòng zhèng
letter of indemnity	赔偿保证书	péicháng bǎozhèngshū
letter of intent	合同意向书	hétóng yìxiàngshū
leverage	杠杆作用	gànggǎn zuòyòng
leveraged buyout	杠杆收购	gànggǎn shōugòu
leveraged recapitalization	融资资本充实	róngzī zīběn chōngshí
liability	债务 / 责任	zhàiwù / zérèn
liability insurance	责任保险	zérèn bǎoxiǎn
libel	诽谤罪	fěibàng zuì
license	许可证	xǔkě zhèng
licensing agreement	许可协议	xǔkě xiéyì
lien	留置权	liúzhì quán
limited liability	有限责任	yǒuxiàn zérèn
limited liability company	有限责任公司	yǒuxiàn zérèn gōngsī
limited partnership	有限责任合资企业	yǒuxiàn zérèn hézī qǐyè

line of business	业务范围	yèwù fànwéi
liquid assets	流动资产	liúdòng zīchǎn
liquidation	清算	qīngsuàn
liquidation sale	清理大拍卖	qīnglǐ dà pāimài
liquidation value	清算价值	qīngsuàn jiàzhí
liquidity	资产流动性	zīchǎn liúdòng xìng
liquidity preference theory	流动性偏好理论	liúdòng xìng piānhào lǐlùn
liquidity risk	流通风险	liútōng fēngxiǎn
list price	目录价格	mùlù jiàgé
listed security	上市证券	shàngshì zhèngquàn
listed stock	上市股票	shàngshì gǔpiào
liter	公升	gōngshēng
litigation	诉讼	sùsòng
litigation expense	诉讼费用	sùsòng fèiyòng
load factor	负载因数	fùzǎi yīnshù
loan	贷款	dài kuǎn
local area network (LAN)	局域网	júyùwǎng
local market	本地市场	běndì shìchǎng
local product	本地产品	běndì chǎnpǐn
local taxes	地方税	dì fāngshuì
logistics	物流	wù liú
long-term loan	长期贷款	chángqí dàikuǎn
long-term planning	长期规划	chángqí guīhuà
long-term debt	长期债务	chángqí zhàiwù
loss	亏损	kuī sǔn
low income	低收入	dī shōurù
low-interest loan	低利贷款	dīlì dàikuǎn
low-yield bonds	低收益率债券	dī shōuyì lǜ zhàiquàn

lump sum	总额	zǒng é
lump-sum payment	总款支付	zǒng kuǎn zhīfù
luxury goods	奢侈品	shēchǐ pǐn
luxury tax	奢侈品税	shēchǐ pǐn shuì

M.

machine tools	机床	jī chuáng
machinery	机械	jī xiè
macroeconomics	宏观经济学	hóngguān jīngjì xué
mail order	邮购	yóu gòu
mailing list	邮寄名单	yóujì míngdān
mainframe computer	大型计算机	dàxíng jìsuànjī
maintenance contract	维修合同	wéixiū hétóng
maintenance department	维修部门	wéixiū bùmén
man hours	工时	gōng shí
management	管理	guǎn lǐ
management by objective	目标管理	mùbiāo guǎnlǐ
management consultant	企业管理顾问	qǐyè guǎnlǐ gùwèn
manager	经理	jīng lǐ
managerial accounting	管理会计	guǎnlǐ kuàijì
managerial position	经理职位	jīnglǐ zhíwèi
manufacturer's agent	制造代理商	zhìzào dàilǐ shāng
manufacturing base	制造基地	zhìzào jīdì
manufacturing engineering	制造工程	zhìzào gōngchéng

manufacturing facilities	制造设施	zhìzào shèshī
manufacturing industries	制造业	zhì zào yè
manufacturing overhead	制造费用	zhìzào fèiyòng
manufacturing process	制造过程	zhìzào guòchéng
market	市场	shìchǎng
market economy	市场经济	shìchǎng jīngjì
market forces	市场力量	shìchǎng lìliàng
market forecast	市场预测	shìchǎng yùcè
market index	市场指数	shìchǎng zhǐshù
market penetration strategy	市场渗透战略	shìchǎng shèntòu zhànlüè
market research	市场调查	shìchǎng diàochá
market saturation	市场饱和	shìchǎng bǎohé
market segmentation	市场细分	shìchǎng xì fēn
market share	市场占有率	shìchǎng zhànyǒu lǜ
market trend	市场趋势	shìchǎng qūshì
market value	市场价值	shìchǎng jiàzhí
marketing	市场营销	shì chǎng yíng xiāo
marketing department	营销部	yíng xiāo bù
marketing budget	营销预算	yíngxiāo yùsuàn
marketing plan	营销计划	yíngxiāo jìhuà
markup	提高标价	tígāo biāojià
mass communications	大众传播	dàzhòng chuánbò
mass marketing	大规模营销	dà guīmó yíngxiāo
mass media	传播媒介	chuánbò méijiè
mass production	大量生产	dàliàng shēngchǎn
material handling	材料处理	cáiliào chǔlǐ
material handling robot	搬运机械手	bānyùn jīxièshǒu
maximize	最大化	zuìdà huà

English	中文	Pinyin
MBA	工商管理硕士	gōng shāng guǎn lǐ shuò shì
mean	平均值	píngjūn zhí
mechanic	机械工	jīxiè gōng
mechanical engineering	机械工程	jīxiè gōngchéng
median value	中位数值	zhōng wèi shùzhí
medium-term	中期的	zhōngqí de
meeting	会议	huìyì
memorandum	备忘录	bèiwànglù
merchant bank	商人银行	shāngrén yínháng
merger	合并	hébìng
metals	金属	jīnshǔ
meter	公尺	gōng chǐ
methane	甲烷	jiǎwán
methanol	甲醇	jiǎchún
metric system	公制	gōngzhì
metric ton	公吨	gōngdùn
microchip	微芯片	wēi xīnpiàn
microeconomics	微观经济	wéiguān jīngjì
middle management	中层管理人员	zhōngcéng guǎnlǐ rényuán
milling machine	铣床	xiǎnchuáng
minimum payment	最低还款额	zuìdī huán kuǎn é
minimum wage	法定最低工资	fǎdìng zuìdī gōngzī
mint	铸币局	zhùbì jú
miscalculation	计算错误	jìsuàn cuòwù
mixed cost	混合成本	hùnhé chéngběn
mobility of capital	资本流动性	zīběn liúdòng xìng
mobility of labor	劳力流动性	láolì liúdòng xìng
modernization	现代化	xiàndàihuà

modular design	模块化设计	mókuài huà shèjì
modularization	模块化	mókuài huà
molding machine	成型机	chéngxíng jī
monetary policy	金融政策 / 货币政策	jīnróng zhèngcè / huòbì zhèngcè
monetary union	货币同盟	huòbì tóngméng
monetary unit	货币单位	huòbì dānwèi
money manager	短期资本经营者	duǎnqí zīběn jīngyíng zhě
money market	金融市场	jīnróng shìchǎng
money order	汇票	huìpiào
money supply	货币供应量	huòbì gōngyìng liàng
monopoly	垄断	lǒngduàn
monopoly firm	垄断企业	lǒngduàn qì yè
monopsony	买方垄断	mǎifāng lǒngduàn
moratorium	暂停	zàntíng
mortgage	抵押	dǐyā
mortgage certificate	抵押证书	dǐyā zhèngshū
mortgage loan	抵押借款	dǐyā jièkuǎn
most favored nation status	最惠国待遇	zuìhuìguó dàiyù
motivation hierarchy	动机层次	dòngjī céngcì
moving average	移动平均值	yídòng píngjūn zhí
multicurrency	多币种	duō bì zhǒng
multilateral contract	多边合同	duōbiān hétóng
multilateral trade	多边贸易	duōbiān màoyì
multinational corporation	跨国公司	kuàguó gōngsī
multiplier	乘数	chéng shù
multispindle drilling machine	多轴钻床	duō zhóu zuānchuáng

municipal bond	市政债券	shìzhèng zhàiquàn
mutual fund	合股投资	hégǔ tóuzī
mutual interest	共同利益	gòngtóng lìyì
mutually exclusive	互相排斥的	hù xiàng páichì de

N.

national bank	国家银行	guójiā yínháng
national banking system	国家银行制度	guójiā yínháng zhìdù
national debt	国债	guózhài
national income	国民收入	guómín shōurù
national resources	国家资源	guójiā zīyuán
nationalism	民族主义	mínzú zhǔyì
nationalization	国有化	guóyǒu huà
negative amortization	负摊还	fù tān hái
negative cash flow	负现金流量	fù xiànjīn liúliàng
negligent	疏忽的	shūhū de
negotiable	可谈判的	kě tánpàn de
negotiation	谈判	tánpàn
net assets	净资产	jìng zīchǎn
net income	净利	jìnglì
net loss	净亏损	jìng kuī sǔn
net profit	净利润	jìng lì rùn
net sales	净销售额	jìng xiāoshòu é
net working capital	净运用资本	jìng yùnyòng zīběn
network	网络	wǎngluò
new product development	新产品开发	xīn chǎnpǐn kāifā

no load fund	无负担基金	wú fùdān jījīn
no par value	无面值	wú miànzhí
nominal price	名义价格	míngyì jiàgé
nominal value	名义价值	míngyì jiàzhí
noncurrent assets	非流动资产	fēi liúdòng zīchǎn
nondurable goods	不耐用的商品	bù nàiyòng de shāngpǐn
nonprofit organization	非营利组织	fēi yínglì zǔzhī
nonresident	非居留外国人	fēi jūliú wàiguó rén
nontariff barriers	非关税壁垒	fēi guānshuì bìlěi
notary	公证人	gōngzhèng rén
notebook computer	笔记本电脑	bǐjìběn diànnǎo
null and void	无效	wúxiào
numerical control (NC)	数控	shùkòng
numerical control machine	数控机床	shùkòng jīchuáng
nylon	尼龙	nílóng

O.

obligation	义务	yìwù
occupation	职业	zhíyè
occupational hazard	职业性危害	zhíyè xìng wéihài
offer	买方出价	mǎifāng chūjià
office	办公室	bàngōngshì
office automation	办公自动化	bàngōng zìdònghuà
office hours	办公时间	bàngōng shíjiān
office manager	办公室主任	bàngōngshì zhǔrèn
office supplies	办公室用品	bàngōngshì yòngpǐn

official exchange rate	官方汇率	guānfāng huìlǜ
off-the-books transaction	黑市交易	hēishì jiāoyì
offset	抵销	dǐ xiāo
offset printing	胶印	jiāoyìn
offshore company	离岸公司	lían gōngsī
oligopoly	寡头垄断	guǎtóu lǒngduàn
oligopsony	卖方寡头垄断	màifāng guǎtóu lǒngduàn
on the job training	在职培训	zàizhí péixùn
open an account	开立帐户	kāi lì zhànghù
open door policy	门户开放政策	ménhù kāifàng zhèngcè
open market operations	公开市场业务	gōngkāi shìchǎng yèwù
operating costs	营业成本	yíngyè chéngběn
operating expenses	经营费用	jīng yíng fèi yòng
operating income	营业收入	yíngyè shōurù
operating profit	营业利润	yíngyè lìrùn
operating statement	营业损益表	yíngyè sǔnyì biǎo
operating system (computers)	操作系统	cāozuò xìtǒng
opportunity cost	机会成本	jīhuì chéngběn
oral agreement	口头协议	kǒutóu xiéyì
order form	订单	dìng dān
order goods	定货	dìng huò
organic chemical	有机化学品	yǒujī huàxué pǐn
organization	组织	zǔzhī
original cost	原始成本	yuánshǐ chéngběn
original equipment manufacturer	原始设备制造商	yuánshǐ shèbèi zhìzào shāng
ounce	盎司	àngsī
out of stock	缺货	quē huò

English	中文	Pinyin
output	产量	chǎnliàng
outsourcing	外包	wàibāo
outstanding balance	余额	yúé
overdraft	透支	tòuzhī
overhead	管理费	guǎnlǐ fèi
overseas business	海外业务	hǎiwài yèwù
overtime	加班	jiābān
owner's equity	所有者权益	suǒ yǒu zhě quán yì
ownership	所有权	suǒyǒuquán

P.

English	中文	Pinyin
package deal	一揽子交易	yī lǎn zǐ jiāoyì
packaging	包装	bāo zhuāng
packing list	装箱单	zhuāng xiāng dān
paid holiday	有薪假期	yǒu xīn jiàqī
paid in full	全额付清	quán é fù qīng
paint	油漆	yóuqī
pallet	托盘	tuōpán
pallet shipment	托盘货运	tuōpán huòyùn
palmtop computer	掌上电脑	zhǎngshàng diànnǎo
pamphlet	小册子	xiǎo cèzi
paper loss	帐面损失	zhàng miàn sǔnshī
paper money	纸币	zhǐbì
paper profit	账面利润	zhàngmiàn lìrùn
paperwork	文书工作	wén shū gōng zuò

parcel post	邮包	yóubāo
partial payment	部分付款	bùfèn fù kuǎn
partner	合伙人	héhuǒ rén
partnership enterprise	合伙企业	héhuǒ qǐyè
passenger	乘客	chéngkè
past due account	过期账款	guòqí zhàng kuǎn
patent	专利权	zhuān lì quán
patent application	专利申请	zhuānlì shēnqǐng
patent pending	专利未决	zhuānlì wèi jué
parent company	母公司	mǔ gōngsī
pay by installments	分期付款	fēn qí fù kuǎn
payables	应付账款	yìng fù zhàng kuǎn
payback period	投资回收期	tóuzī huíshōu qí
payee	收款人	shōu kuǎn rén
payer	缴费人	jiǎo fèi rén
payload	有效载荷	yǒuxiào zǎihé
payment	付款额	fù kuǎn é
payment in full	一次付清	yīcì fù qīng
payment refused	拒绝付款	jùjué fù kuǎn
payroll	工资名单	gōngzī míngdān
payroll tax	工资税	gōngzī shuì
peak season	旺季	wàngjì
penalty	罚款	fákuǎn
penalty clause	惩罚条款	chéngfá tiáokuǎn
penny stock	廉价股	liánjià gǔ
pension fund	退休金基金	tuìxiū jīn jījīn
per capita	人均	rénjūn
per capita GNP	国民人均产值	guómín rénjūn chǎnzhí
per capita income	人均收入	rénjūn shōurù

per diem	每日	měi rì
per share	每股	měi gǔ
percentage	百分比 / 百分数	bǎifēnbǐ / bǎifēnshù
performance appraisal	绩效考核	jīxiào kǎohé
performance bond	履约保证金	lǚyuē bǎozhèngjīn
periodic inspection	定期检查	dìngqí jiǎnchá
periodic inventory system	定期盘存制	dìngqí páncún zhì
peripheral device	外围设备	wàiwéi shèbèi
permit	许可证	xǔkě zhèng
perpetual inventory system	永续盘存制	yǒng xù páncún zhì
personal computer	个人电脑	gèrén diànnǎo
personal deduction	个人扣除	gèrén kòuchú
personal exemption	个人免税额	gèrén miǎnshuì é
personal income tax	个人所得税	gèrén suǒdéshuì
personal liability	个人责任	gèrén zérèn
personal property	个人财产	gèrén cáichǎn
personality test	人格测验	réngé cèyàn
petrochemicals	石油化学制品	shíyóu huàxué zhìpǐn
petrodollars	石油美元	shíyóu měiyuán
petroleum	石油	shí yóu
pharmaceutical company	制药公司	zhìyào gōngsī
pharmacist	药剂师	yàojì shī
physical inventory	实际盘存	shíjì páncún
picket line	纠察线	jiūchá xiàn
pie chart	饼形图	bǐng xíng tú
piecework	计件工作	jìjiàn gōngzuò
planned economy	计划经济	jìhuà jīngjì
plastic	塑料	sù liào

plastic injection molding	塑料注射成型	sù liào zhù shè chéng xíng
policy	政策	zhèngcè
policyholder	投保人	tóubǎo rén
point of sale	销售点	xiāoshòu diǎn
polyester	聚酯纤维	jù zhǐ xiānwéi
polymer	聚合物	jùhé wù
polyurethane	聚氨酯	jùānzhǐ
port charges	港口费用	gǎngkǒu fèiyòng
portfolio	投资组合	tóuzī zǔhé
portfolio management	投资组合管理	tóuzī zǔhé guǎnlǐ
positive cash flow	正现金流	zhèng xiànjīn liú
post office	邮局	yóujú
postage	邮费	yóufèi
potential market	潜在市场	qiánzài shìchǎng
power of attorney	授权书	shòuquán shū
power steering	动力转向	dònglì zhuǎnxiàng
precision measurement equipment	精密测量设备	jīngmì cèliáng shèbèi
prefabrication	工厂预制	gōngchǎng yùzhì
preliminary agreement	初步协定	chūbù xiédìng
premium price	溢价	yìjià
prepaid	预付的	yùfù de
prepaid expenses	预付费用	yùfù fèiyòng
prepaid freight	预付运费	yùfù yùnfèi
prepaid tax	预付税款	yùfù shuì kuǎn
president	总统 / 主席	zǒngtǒng / zhǔxí
press release	新闻稿	xīnwén gǎo
preventative maintenance	预防性维修	yùfáng xìng wéixiū
price	价格	jiàgé

price cutting	削价	xuējià
price differential	价格差异	jiàgé chāyì
price discrimination	价格差别	jiàgé chābié
price elasticity of demand	需求的价格弹性	xūqiú de jiàgé tánxìng
price earnings ratio	价格收益比	jiàgé shōuyì bǐ
price fixing	定价	dìngjià
price index	价格指数	jiàgé zhǐshù
price limit	价格限制	jiàgé xiànzhì
price list	价目表	jiàmù biǎo
price range	价格幅度	jiàgé fúdù
price stability	物价稳定性	wùjià wěndìng xìng
price war	价格战	jiàgé zhàn
prime cost	主要成本	zhǔyào chéngběn
private sector	私营部门	sīyíng bùmén
process	加工 / 过程	jiāgōng / guòchéng
process control	过程控制	guòchéng kòngzhì
process engineering	过程工程	guòchéng gōngchéng
process layout	工序设计	gōngxù shèjì
processing costs	加工成本	jiāgōng chéngběn
procurement cycle	采购周期	cǎigòu zhōuqí
producer price index	生产价格指数	shēngchǎn jiàgé zhǐshù
product	产品	chǎnpǐn
product analysis	产品分析	chǎnpǐn fēnxī
product design	产品设计	chǎnpǐn shèjì
product development	产品开发	chǎnpǐn kāifā
product line	产品系列	chǎnpǐn xìliè
product mix	产品组合	chǎnpǐn zǔhé
product range	产品范围	chǎnpǐn fànwéi
production	生产	shēngchǎn

English	中文	Pinyin
production control	生产控制	shēngchǎn kòngzhì
production costs	生产成本	shēngchǎn chéngběn
production line	生产线	shēngchǎn xiàn
production process	生产过程	shēngchǎn guòchéng
production schedule	生产计划	shēngchǎn jìhuà
productivity	生产力	shēngchǎnlì
profession	职业	zhíyè
professionalism	职业精神	zhíyè jīngshén
profit	利润	lìrùn
profit margin	利润率	lìrùn lǜ
profit and loss statement	损益表	sǔn yì biǎo
profit sharing system	分红制	fēnhóng zhì
progressive tax	累进税	lěijìn shuì
prohibited goods	禁运品	jìn yùn pǐn
pro-forma invoice	试算发票	shì suàn fāpiào
project	项目	xiàngmù
project planning	项目规划	xiàngmù guīhuà
promissory note	期票	qí piào
promotion (in position); be promoted	晋级	jìn jí
promise	承诺	chéng nuò
property	财产	cáichǎn
proprietary	所有权的	suǒyǒuquán de
propylene	丙烯	bǐngxī
prospectus	招股说明书	zhāogǔ shuōmíngshū
protectionism	保护贸易主义	bǎohù màoyì zhǔyì
proxy	代理人	dàilǐ rén
proxy statement	委托投票书	wěituō tóupiào shū
public auction	公开拍卖	gōngkāi pāimài
public company	上市公司	shàngshì gōngsī

public domain	公共领域	gōnggòng lǐngyù
public property	公共财产	gōnggòng cáichǎn
public relations	公共关系	gōnggòng guānxì
public sale	拍卖	pāimài
public sector	公共部门	gōnggòng bùmén
public utility	公用事业	gōngyòng shìyè
public works	公共工程	gōnggòng gōngchéng
publicity	公众的注意	gōngzhòng de zhùyì
publisher (company)	出版社	chūbǎn shè
publishing industry	出版业	chū bǎn yè
purchase cost	采购成本	cǎigòu chéngběn
purchase order	采购订单	cǎigòu dìngdān
purchasing agent	采购代理	cǎigòu dàilǐ
purchasing department	采购部	cǎi gòu bù
purchasing manager	采购经理	cǎigòu jīnglǐ
put option	卖出选择权	mài chū xuǎnzé quán
pyramid selling	金字塔式销售法	jīnzìtǎ shì xiāoshòu fǎ

Q.

qualifications	资格	zīgé
quality	质量	zhìliàng
quality assurance	质量保证	zhìliàng bǎo zhèng
quality control	质量控制	zhìliàng kòng zhì
quality management	质量管理	zhìliàng guǎnlǐ
quantity discount	数量折扣	shùliàng zhékòu
quick assets	速动资产	sù dòng zīchǎn

quorum	法定人数	fǎdìng rénshù
quota	配额	pèi' é
quotation	报价	bàojià

R.

racial discrimination	种族歧视	zhǒng zú qí shì
railroad	铁路	tiělù
railway transportation	铁路运输	tiělù yùnshū
rain check	雨票	yǔ piào
raise (salary increase)	加薪	jiā xīn
random access memory	随机存取存储器	suíjī cún qǔ cúnchúqì
random sample	随机抽样	suíjī chōuyàng
rate of exchange	汇率	huìlǜ
rate of increase	增长率	zēngzhǎng lǜ
ratio	比率	bǐlǜ
rationing	配给	pèijǐ
raw materials	原料	yuánliào
rayon	人造丝	rénzào sī
ready money	现款	xiànkuǎn
ready-to-wear apparel	现成服装	xiànchéng fúzhuāng
real assets	实物资产	shíwù zīchǎn
real estate	房地产 / 不动产	fáng dìchǎn / bùdòngchǎn
real income	实际收入	shíjì shōurù
real income per capita	人均实际收入	rénjūn shíjì shōurù
real investment	实际投资	shíjì tóuzī
real wages	实际工资	shíjì gōngzī

rebate	部分退款	bùfèn tuìkuǎn
recapitalization	资本结构调整	zīběn jiégòu tiáozhěng
receipt	收据	shōu jù
receivables	应收款	yīng shōu kuǎn
recession	不景气	bù jǐngqì
rechargeable	可再充电的	kě zài chōngdiàn de
reciprocal trade agreement	互惠贸易协定	hùhuì màoyì xiédìng
recommend	推荐	tuījiàn
recovery of loss	损失追偿	sǔnshī zhuīcháng
redeemable bond	可赎回债券	kě shú huí zhàiquàn
redemption period	回赎期	huí shú qī
rediscount rate	再贴现率	zài tiēxiàn lǜ
reduction	减少	jiǎnshǎo
re-export	再出口	zài chūkǒu
refinancing	再融资	zài róngzī
reform	改革	gǎigé
register	登记	dēngjì
refund	退款	tuì kuǎn
registered mail	挂号邮件	guàhào yóujiàn
regression analysis	回归分析	huíguī fēnxī
regressive tax	累退税	lěi tuìshuì
regulations	规章	guīzhāng
reimburse	偿还	chánghuán
remote control	遥控	yáokòng
reorganization	企业重组	qǐyè chóngzǔ
repay	偿还	chánghuán
repeat order	重复订货	chóngfù dìnghuò
replacement cost	重置成本	chóng zhì chéngběn
replacement parts	备用零件	bèiyòng língjiàn

representative	代表	dàibiǎo
representative sample	代表性的样本	dàibiǎo xìng de yàngběn
request for bid	投标申请	tóubiāo shēnqǐng
request for quotation	报价申请书	bàojià shēnqǐng shū
requirements	必备条件	bì bèi tiáojiàn
resale	转售	zhuǎn shòu
research	研究	yánjiū
research and development; R&D	研究与发展	yánjiū yǔ fāzhǎn
reserves	储备金	chúbèi jīn
resources	资源	zīyuán
resource allocation	资源分配	zīyuán fēnpèi
restrictive business practice	限制性商业惯例	xiànzhì xìng shāngyè guànlì
restructure	改组	gǎizǔ
résumé	简历	jiǎnlì
retail	零售	língshòu
retail bank	零售银行	língshòu yínháng
retail outlet	零售销路	língshòu xiāolù
retail price	零售价格	língshòu jiàgé
retail price index	零售物价指数	língshòu wùjià zhǐshù
retirement	退休	tuìxiū
return on investment, ROI	投资回报率	tóuzī huíbào lù
revaluation	再估价	zài gūjià
revenue	收入	shōurù
revenue bond	收入债券	shōurù zhàiquàn
revolving credit	周转信贷	zhōuzhuǎn xìndài
revolving letter of credit	循环信用证	xúnhuán xìnyòng zhèng
right of recourse	追索权	zhuī suǒ quán
rights	权利	quánlì

risk	风险	fēngxiǎn
risk analysis	风险分析	fēngxiǎn fēnxī
risk assessment	风险估计	fēngxiǎn gūjì
risk capital	风险资本	fēngxiǎn zīběn
rollback	压价	yājià
rollover	再投资	zài tóuzī
ROM (read-only memory)	只读存储器	zhǐ dú cúnchúqì
rough draft	草稿	cǎogǎo
rough estimate	粗略估计	cūlüè gūjì
route	航线	hángxiàn
royalty income	版税收入	bǎnshuì shōurù
running expenses	日常费用	rìcháng fèiyòng
rush order	紧急订货	jǐnjí dìnghuò

S.

safeguard measure	保证措施	bǎozhèng cuòshī
salary	薪水	xīnshuǐ
sales	销售	xiāoshòu
sales analysis	销售额分析	xiāoshòu é fēnxī
sales budget	销售预算	xiāoshòu yùsuàn
sales department	销售部	xiāo shòu bù
sales forecasting	销售预测	xiāoshòu yùcè
sales management	销售管理	xiāoshòu guǎnlǐ
salesperson	推销员	tuīxiāo yuán
sales promotion	促销	cùxiāo
sales quota	销售定额	xiāoshòu dìng é

sales tax	销售税	xiāo shòu shuì
sales team	销售团队	xiāo shòu tuán duì
sales territory	销售地域	xiāoshòu dìyù
sales volume	销量	xiāoliàng
salvage charges	救助费用	jiùzhù fèiyòng
salvage value	残值	cán zhí
sample	样本 / 样品	yàngběn / yàngpǐn
sample size	样本容量	yàngběn róngliàng
savings	储蓄	chúxù
savings account	储蓄账户	chúxù zhànghù
savings bond	储蓄债券	chúxù zhàiquàn
scanner	扫描器	sǎomiáo qì
scrap metal	废金属	fèi jīnshǔ
schedule	日程	rìchéng
second mortgage	二次抵押	èr cì dǐyā
secondary market	二级市场	èr jí shìchǎng
secured account	担保账户	dānbǎo zhànghù
secured debt	担保债权	dānbǎo zhàiquán
securities	证券	zhèngquàn
self-employed worker	个体经营者	gètǐ jīngyíng zhě
self-evaluation	自我评价	zìwǒ píngjià
self-service	自助服务	zìzhù fúwù
sell	销售	xiāo shòu
semiconductor	半导体	bàn dǎo tǐ
semi-finished products	半成品	bànchéngpǐn
senior management	高层管理人员	gāocéng guǎnlǐ rényuán
seniority	工龄	gōnglíng
service contract	服务合同	fúwù hétóng
severance pay	离职金	lízhí jīn

shareholder	股东	gǔdōng
shareholder's equity	股东权益	gǔdōng quányì
shareholder's meeting	股东大会	gǔdōng dàhuì
shares	股份	gǔfèn
ship (vessel)	船	chuán
shipment	装运 /船货	zhuāngyùn / chuánhuò
shipper (company)	货运公司	huòyùn gōngsī
shipping	货运	huòyùn
shipping agent	货运代理	huòyùn dàilǐ
shipping charges	运费	yùnfèi
shipping instructions	装运须知	zhuāngyùn xūzhī
short sale	卖空	mài kōng
short shipment	装载不足	zhuāngzǎi bùzú
shortage	不足	bùzú
short-term capital	短期资本	duǎnqí zīběn
short-term financing	短期筹资	duǎnqí chóuzī
short-term loan	短期贷款	duǎnqí dàikuǎn
skilled labor	熟练劳动	shúliàn láodòng
small business	小型企业	xiǎoxíng qǐyè
software	软件	ruǎnjiàn
software engineer	软件工程师	ruǎnjiàn gōngchéngshī
sole agent	独家代理	dújiā dàilǐ
sole proprietor	独资经营	dúzī jīngyíng
solution	解决方案	jiějuéfāngàn
solvency	偿付能力	chángfù nénglì
spark plug	火花塞	huǒhuāsāi
specialist	专家	zhuānjiā
sponsorship	赞助	zànzhù
spot market	现货市场	xiànhuò shìchǎng

spreadsheet	电子表格	diànzǐ biǎogé
staff	员工	yuángōng
stagflation	滞胀	zhìzhàng
standard	标准	biāozhǔn
standard deviation	标准差	biāozhǔn chā
standardization	标准化	biāozhǔnhuà
standing costs	经常费用	jīngcháng fèiyòng
statistics	统计	tǒngjì
steel	钢铁	gāngtiě
steel ingot	钢锭	gāngdìng
stock	股份	gǔfèn
stock certificate	股票证书	gǔpiào zhèngshū
stockbroker	股票经纪人	gǔpiào jīng jì rén
stockholder	股东	gǔdōng
stock market	股票市场	gǔpiào shì chǎng
stock merger	股票合并	gǔpiào hébìng
stock option	股票期权	gǔpiào qíquán
streamlining	流线型风格	liúxiànxíng fēnggé
stress management	压力管理	yālì guǎnlǐ
strike	罢工	bàgōng
strikebreaker	罢工破坏者	bàgōng pòhuài zhě
subcontract	分包	fēnbāo
subcontractor	分包商	fēnbāo shāng
subordinate	下属	xià shǔ
subsidiary	子公司	zǐ gōngsī
subsidy	补助金	bǔzhù jīn
substandard products	次品	cì pǐn
sulfuric acid	硫酸	liúsuān
super alloys	超合金	chāo héjīn

superconductive materials	超导材料	chāo dǎo cáiliào
superconductor	超导体	chāodǎotǐ
supervisor	管理者	guǎnlǐ zhě
supplier	供应商	gōngyìng shāng
supply and demand	供需	gōngxū
surcharge	附加费	fùjiā fèi
surplus	盈余 / 剩余	yíngyú / shèngyú
surplus capital	剩余资本	shèngyú zīběn
surplus goods	商品过剩	shāngpǐn guòshèng
surtax	附加税	fùjiā shuì
switch	开关	kāiguān
syndicate	财团	cáituán
systems analysis	系统分析	xìtǒng fēnxī
systems design	系统设计	xìtǒng shèjì
systems engineering	系统工程	xìtǒng gōngchéng

T.

takeover	收购	shōugòu
takeover bid	收购要约	shōugòu yāoyuē
tangible assets	有形资产	yǒuxíng zīchǎn
tanker	油船	yóuchuán
target price	目标价格	mùbiāo jiàgé
tariff	关税	guānshuì
tariff classification	税则归类	shuìzé guī lèi
tariff barriers	关税壁垒	guānshuì bìlěi
tariff charge	关税费	guānshuì fèi

tariff war	关税战	guānshuì zhàn
task	任务	rèn wù
task force	工作队	gōngzuò duì
tax	税	shuì
tax allowance	免税额	miǎnshuì é
tax burden	税收负担	shuìshōu fùdān
tax deduction	扣税	kòu shuì
tax evasion	逃税	táoshuì
tax exempt	免税	miǎn shuì
tax haven	避税天堂	bìshuì tiāntáng
tax return	报税表	bào shuì biǎo
tax system	税收制度	shuì shōu zhì dù
taxation	税收	shuìshōu
team incentive plan	团队激励计划	tuánduì jīlì jìhuà
team management	团队管理	tuánduì guǎnlǐ
technical	技术性	jì shù xìng
technician	技术员	jì shù yuán
telecommunications	电信	diànxìn
telecommunications equipment	电信设备	diànxìn shèbèi
telemarketing	电话营销	diànhuà yíngxiāo
television	电视	diànshì
tender	投标	tóubiāo
tender offer	要约收购	yāoyuē shōugòu
term insurance	定期保险	dìngqí bǎoxiǎn
terms of sale	销售条款	xiāoshòu tiáokuǎn
terms of trade	贸易条件	màoyì tiáojiàn
territorial waters	海域	hǎiyù
territory	领土	lǐngtǔ
textiles	纺织品	fǎngzhīpǐn

throughput	吞吐量	tūntǔ liàng
time zone	时区	shí qū
timetable	时刻表	shíkè biǎo
titanium	钛	tài
title insurance	产权保险	chǎnquán bǎoxiǎn
tonnage	吨位	dùnwèi
tool	工具	gōngjù
tooling	机床安装	jīchuáng ānzhuāng
top management	高层管理人员	gāocéng guǎnlǐ rényuán
top price	最高价格	zuìgāo jiàgé
top quality	高档	gāodàng
torque	转矩 / 扭矩	zhuǎn jǔ / niǔ ju
tort	侵权	qīnquán
total quality control	全面质量管理	quán miàn zhì liàng guǎn lǐ
toxicology	毒理学	dú lǐxué
trade barrier	贸易壁垒	màoyì bìlěi
trade credit	贸易信贷	màoyì xìndài
trade date	交易日	jiāoyì rì
trade discount	商业折扣	shāngyè zhékòu
trade fair	商品贸易会	shāngpǐn màoyì huì
trade law	贸易法	màoyì fǎ
trade war	贸易战	mào yì zhàn
trademark	商标	shāngbiāo
trader	商人	shāngrén
trading company	贸易公司	màoyì gōngsī
trading limit	贸易范围	màoyì fànwéi
trainee	实习生	shíxí shēng
transaction	交易	jiāoyì
transfer machine	自动线	zìdòngxiàn

transformer	变压器	biànyāqì
translation software	翻译软件	fānyì ruǎnjiàn
translator	翻译	fānyì
transmission	变速器	biànsùqì
transnational corporation	跨国公司	kuà guó gōng sī
transportation	运输	yùnshū
traveler's check	旅行支票	lǔxíng zhīpiào
treasurer	财务总管	cáiwù zǒngguǎn
treasury	财政部 / 国库	cáizhèng bù / guókù
treasury bill	国库券	guókùquàn
treasury bond	国债	guózhài
treasury note	国库券	guókùquàn
treasury stock	库藏股	kùcáng gǔ
treaty	条约	tiáoyuē
trend	趋势	qūshì
trial balance	试算表	shì suàn biǎo
trial order	试购	shì gòu
truckload	卡车载重	kǎchē zàizhòng
trust	信托 /托拉斯	xìntuō / tuōlāsī
trust company	信托公司	xìntuō gōngsī
trust fund	信托基金	xìntuō jījīn
trustee	受托人	shòutuō rén
tungsten	钨	wù
turbo charger	涡轮增压器	wōlún zēng yā qì
turnkey	交钥匙工程	jiāo yàoshi gōngchéng
turnover	营业额	yíngyè é
turnover rate of capital	资金周转率	zījīn zhōuzhuǎn lǜ
turret lathe	转塔车床	zhuǎn tǎ chēchuáng

U.

uncollectible accounts	呆帐	dāi zhàng
undercapitalized	资金不足	zījīn bùzú
underdeveloped nations	不发达国家	bù fādá guójiā
underestimate	低估	dīgū
underpaid	未足额支付	wèi zú é zhīfù
underwriter	承销商	chéngxiāo shāng
unearned revenue	未实现收入	wèi shíxiàn shōurù
unemployment	失业	shī yè
unemployment benefits	失业救济金	shīyè jiùjì jīn
unfair trade practice	不公平交易作法	bù gōngpíng jiāoyì zuòfǎ
union	工会	gōnghuì
union contract	工会合同	gōnghuì hétóng
union label	工会标签	gōnghuì biāoqiān
unit cost	单位成本	dānwèi chéngběn
unit price	单价	dānjià
unsecured loan	无担保贷款	wú dānbǎo dàikuǎn
unskilled labor	非熟练劳动	fēi shúliàn láodòng
urban sprawl	城市扩张	chéngshì kuòzhāng
use tax	使用税	shǐyòng shuì
useful life	使用寿命	shǐyòng shòumìng
usury	高利贷	gāolìdài
utility	公共设施	gōnggòng shèshī

V.

valid	有效的	yǒuxiào de
valid period	有效期	yǒuxiàoqí
validation	验证	yànzhèng
valuation	估价 / 估值	gūjià / gūzhí
value	价值	jiàzhí
value added tax, VAT	增值税	zēng zhí shuì
value engineering	价值工程	jiàzhí gōngchéng
valve	阀门	fá mén
variable annuity	可变年金	kě biàn niánjīn
variable costs	可变成本	kě biàn chéngběn
variable interest rate	可变利率	kě biàn lìlǜ
variable margin	可变利益	kě biàn lìyì
variable rate	可变利率	kě biàn lìlǜ
variable rate mortgage	可变利率抵押贷款	kě biàn lìlǜ dǐyā dàikuǎn
variable sequence robot	可变顺序机器人	kě biàn shùnxù jīqì rén
variance	方差	fāngchā
vending machine	自动售货机	zìdòng shòu huòjī
vendor	供应商	gōngyìng shāng
venture capital	风险资本	fēngxiǎn zīběn
vertical milling machine	立式铣床	lì shì xiǎnchuáng
vested interests	既得利益	jìdé lìyì
vested rights	既得权	jìdé quán
veto	否决	fǒujué
vice president	副总裁	fù zǒngcái
visible balance of trade	有形贸易差额	yǒuxíng màoyì chāé
vitamin	维他命	wéitāmìng

voucher	凭单	píng dān

W.

wage	工资	gōngzī
wage differential	工资差距	gōngzī chājù
wage dispute	工资纠纷	gōngzī jiūfēn
wage drift	工资浮动	gōngzī fúdòng
wage freeze	工资冻结	gōngzī dòngjié
wage level	工资水平	gōngzī shuǐpíng
wage scale	工资等级表	gōngzī děngjí biǎo
wage structure	工资结构	gōngzī jiégòu
wage-price spiral	工资价格螺旋	gōngzī jiàgé luóxuán
waiver	弃权	qìquán
waiver clause	弃权条款	qìquán tiáokuǎn
walkout	罢工	bàgōng
Wall Street	华尔街	huá ěr jiē
WAN	广域网	guǎng yù wǎng
want-ad	招聘广告	zhāopìn guǎnggào
war risk	战争险	zhànzhēng xiǎn
warehouse	仓库	cāng kù
warranty	保证	bǎozhèng
weight	重量	zhòngliàng
weighted average	加权平均	jiāquán píngjūn
weights and measures	度量衡	dùliànghéng
welder	焊工	hàn gōng
wheel	轮	lún
white collar employee	白领雇员	bái lǐng gù yuán
white paper	白皮书	bái pí shū

wholesale	批发	pī fā
wholesale dealer	批发商	pīfā shāng
wholesale price	批发价格	pīfā jiàgé
wildcat strike	野猫罢工	yěmāo bàgōng
will	遗嘱	yízhǔ
windfall profits	暴利	bàolì
wire transfer	电汇	diànhuì
wireless network	无线网络	wúxiàn wǎngluò
witness	证人	zhèngrén
wool	羊毛	yángmáo
word processing software	文字处理软件	wénzì chǔlǐ ruǎnjiàn
work	工作	gōngzuò
work day	工作日	gōngzuò rì
workforce	劳动力	láo dòng lì
work-in-process (WIP)	在制品	zài zhìpǐn
work order	工作通知单	gōngzuò tōngzhī dān
work station	工作站	gōngzuòzhàn
working assets	流动资产	liúdòng zīchǎn
working capital	营运资金	yíngyùn zījīn
working class	工人阶级	gōngrén jiējí
working contract	工作合同	gōngzuò hétóng
working funds	运用基本资金	yùnyòng jīběn zījīn
working hours	工作时间	gōngzuò shíjiān
work load	工作负荷 /工作量	gōngzuò fùhè / gōngzuò liàng
workplace	工作场所	gōngzuò chǎngsuǒ
workshop	车间	chējiān
World Bank	世界银行	shìjiè yínháng
worthless	无用	wú yòng

writ	令状	lìngzhuàng
write off	销账	xiāo zhàng
written agreement	书面协议	shūmiàn xiéyì

X.

xerox	复印	fùyìn
xylene	二甲苯	èr jiǎběn

Y.

year	年	nián
year-end	年终	niánzhōng
yield	产量	chǎnliàng
yield to maturity	到期收益率	dào qí shōuyì lǜ

Z.

zero coupon bond	零息债券	líng xí zhàiquàn
zero growth	零增长	língzēngzhǎng
zinc	锌	xīn
zip code	邮政编码	yóuzhèng biānmǎ
zone	区	qū
zoning law	区划法	qūhuà fǎ
zoom lens	变焦距镜头	biàn jiāojù jìngtóu

Appendices

Appendix 1: Major global corporations

Allianz	安联	ān lián
Amazon.com	亚马逊公司	yà mǎ xùn gōngsī
American International Group	美国国际集团	měi guó guó jì jí tuán
Apple Computer	苹果电脑公司	píngguǒ diànnǎo gōngsī
Assicurazioni Generali	忠利保险	zhōng lì bǎo xiǎn
AT&T	美国电话电报公司	měi guó diàn huà diàn bào gōng sī
Bank of America	美国银行	měi guó yín háng
Barclays	巴克莱	ba kè lái
BASF	巴斯夫	bā sī fu
Berkshire Hathaway	伯克希尔哈撒韦	bó kè xī ěr hā sā wéi
BMW	宝马	bǎo mǎ
Boeing	波音公司	bō yīn gōng sī
BP	英国石油公司	yīng guó shí yóu gōng sī
Carrefour	家乐福	jiā lè fú
Chevron	雪佛龙	xuě fú lóng
China National Petroleum	中国石油天然气	zhōng guó shí yóu tiān rán qì
Cisco Systems	思科系统公司	sīkē xìtǒng gōngsī
Citigroup	花旗集团	huā qí jí tuán
ConocoPhillips	康菲	kāng fēi
Crédit Agricole	法国农业信贷银行	fà guó nóng yè xìn dài yín háng
Credit Suisse	瑞士信贷	ruì shì xìn dài

Daimler	戴姆勒	dài mǔ lēi
Deutsche Bank	德意志银行	dé yì zhì yín háng
ENI	埃尼	āi ní
Exxon Mobil	埃克森美孚	āi kè sēn měi fú
Fiat	菲亚特	fēi yà tè
Ford Motor Company	福特汽车公司	fú tè qì chē gōng sī
Gazprom	俄罗斯天然气工业公司	è luó sī tiān rán qì gōng yè gōng sī
General Electric	通用电气	tōng yòng diàn qì
General Motors	通用汽车	tōng yòng qì chē
Goldman Sachs Group	高盛集团	gāo shèng jí tuán
Hitachi	日立	rì lì
Home Depot	家得宝	jiā de bǎo
Hyundai Motor	现代汽车	xiàn dài qì chē
ING Group	荷兰国际集团	hé lán guó jì jí tuán
Intel Corporation	英特尔公司	yīngtèěr gōngsī
J.P. Morgan Chase & Co.	摩根大通公司	mó gēn dà tōng gōng sī
Kroger	克罗格	kè luó gé
Matsushita Electric Industrial	松下电器产业	sōng xià diàn qì chǎn yè
McDonald's	麦当劳	màidāngláo
Microsoft	微软	wēi ruǎn
Mitsubishi Bank	三菱银行	sān líng yín háng
Motorola	摩托罗拉	mó tuō luó lā
Morgan Stanley	摩根士丹利	mó gēn shì dān lì
Nestlé	雀巢	què cháo
Nissan Motor	日产汽车	rì chǎn qì chē
Nippon Telegraph & Telephone	日本电报电话公司	rì běn diàn bào diàn huà gōng sī
Nokia	诺基亚	nuò jī yà

P&G (Proctor & Gamble)	宝洁	bǎo jié
Pepsi Corporation	百事可乐公司	bǎishìkělè gōngsī
Prudential	保诚	bǎo chéng
Royal Bank of Scotland	苏格兰皇家银行	sū gé lán huáng jiā yín háng
Royal Dutch Shell	荷兰皇家壳牌	hé lán huáng jiā ké pái
Sony	索尼	suǒ ní
Sun Microsystems	太阳微系统	tàiyáng wēi xìtǒng
ThyssenKrupp	蒂森克虏伯	dì sēn kè lǔ bó
Toshiba	东芝	dōng zhī
Toyota	丰田汽车公司	fēng tián qì chē gōng sī
UBS	瑞银	ruì yín
Volkswagon	大众汽车	dà zhòng qì chē
Wal-Mart	沃尔玛	wò ēr mǎ
Xerox Corporation	施乐公司	shī lè gōngsī

Appendix 2: Major world currencies

Australian dollar	澳大利亚元	ào dà lì yǎ yuán
Brazilian Real	巴西雷亚尔	bā xī léi yà ěr
British pound	英镑	yīng bàng
Canadian dollar	加拿大元	jiā ná dà yuán
Euro	欧元	ōu yuán
Japanese yen	日元	rì yuán
Indian rupee	印度卢比	yìn dù lú bǐ
Israeli shekel	以色列谢克尔	yǐ sè liè xiè kè ěr
Mexican peso	墨西哥比索	mò xī gē bǐ suǒ
Renminbi	人民币	rén mín bì

Russian ruble	俄国卢布	é guó lú bù
Saudi Arabian riyal	沙特阿拉伯里亚尔	shā tè ā lā bó lǐ yǎ ěr
South Korean won	韩圆	hán yuán
Thai baht	泰铢	tài zhū
Turkish lira	新土耳其里拉	xīn tǔ ěr qí lǐ lā
U.S. dollar	美元	měi yuán

Appendix 3: E-commerce terms

affiliate program	伙伴计划	huǒbàn jìhuà
banner ad	横幅广告	héngfú guǎnggào
digital wallet	数字钱包	shùzì qiánbāo
digital native	数字原住民	shùzì yuán zhùmín
e-commerce	电子商务	diànzǐ shāngwù
encryption	加密	jiāmì
Internet	因特网	yīntèwǎng
metadata	元数据	yuán shùjù
Mobile Internet Device (MID)	移动互联网设备	yídòng hùliánwǎng shèbèi
page rank	网页排名	wǎngyè páimíng
paid inclusion	付费收录	fù fèi shōulù
pay per click	每次点击付费	měi cì diǎnjī fù fèi
search engine	搜索引擎	sōusuǒ yǐnqíng
search engine optimization	搜索引擎优化	sōusuǒ yǐnqíng yōuhuà
shareware	共享软件	gòngxiǎng ruǎnjiàn
shopping cart application	购物车程式	gòuwù chē chéngshì

web browser	网页浏览器	wǎngyè liúlǎn qì
website	网站	wǎngzhàn
online advertising	在线广告	zàixiàn guǎnggào
online community	在线社区	zàixiàn shèqū

Appendix 4: Automotive terms and components commonly manufactured in China

air filter	空气过滤器	kōngqì guòlǜ qì
alternator	交流发电机	jiāoliú fādiàn jī
automobile	汽车	qìchē
automotive industry	汽车行业	qìchē hángyè
automotive component	汽车零部件	qìchē líng bùjiàn
automotive battery	汽车电池	qìchē diànchí
brake	刹车	shāchē
bumper	保险杠	bǎoxiǎn gàng
dashboard	仪表盘	yíbiǎo pán
engine	发动机	fādòngjī
fuel gauge	油量计	yóu liáng jì
fuel pump	燃油泵	rányóu bèng
gas pedal	油门踏板	yóumén tàbǎn
gearshift	换挡杆	huàn dǎng gān
headlights	前灯	qián dēng
heater	加热器	jiārè qì
hubcap	轮毂罩	lúngǔ zhào

hybrid automobile	混合动力汽车	hùnhé dònglì qìchē
ignition	点火	diǎnhuǒ
license plate	车牌	chē pái
luxury car	豪华车	háohuá chē
minivan	面包车	miànbāochē
motorcycle	摩托车	mótuō chē
nozzle	喷嘴	pēnzuǐ
pick-up truck	皮卡车	píkǎ chē
radiator	散热器	sànrè qì
seat	座位	zuòwèi
sedan	轿车	jiàochē
spark plug	火花塞	huǒhuāsāi
steering wheel	方向盘	fāngxiàngpán
taillight	尾灯	wěidēng
tire	轮胎	lúntāi
turn signal	转向信号	zhuǎnxiàng xìnhào
windshield	挡风玻璃	dǎng fēng bōlí
windshield wiper	风挡刮水器	fēngdǎng guā shuǐ qì
windshield wiper arm	雨刮臂	yǔ guā bì
windshield wiper motor	挡风玻璃雨刮电动机	dǎng fēng bōlí yǔ guā diàndòngjī
wire harness	线束	xiàn shù